Hier schmeckt's himmlisch!

der pilger

Hier schmeckt's himmlisch!

Eine kulinarische Pilger-Reise durch Pfarrhaushalte im Bistum Speyer

pilger gmbh
verlag

Bibliografische Information der Deutschen Bibliothek:

Die Deutsche Bibliothek verzeichnet diese Publikation in der Deutschen Nationalbibliografie; detaillierte bibliografische Daten sind im Internet über <http://dnb.ddb.de> abrufbar.

Impressum

Texte: Nina Luschnat

Fotos: Horst Heib, alle Fotos außer: Nina Luschnat (S. 87, 88) / fotolia: petrabarz (S. 14), Swetlana Wall (S. 30), sil007 (Titel , S. 54), racamani (S. 58), photocrew (S. 68), robynmac (S. 78), Stefanie B. (S. 84), manla (S. 96), blende40 (S. 100), yeehaa (S. 104), rimglow (S. 111)

ISBN 978-3-942133-54-8

Gesamtherstellung: Pilgerverlag GmbH, D-76855 Annweiler

Inhalt

Liebe Freunde des Kochens!

Im Buch Jesus Sirach heißt es über den rechten Genuss: „Wer sich selbst nichts gönnt, wem kann der Gutes tun? Er wird seinem eigenen Glück nicht begegnen."

Zu den kleinen Momenten des Glücks im Alltag gehört auch ein geschmackvolles Essen bei einem guten Glas Wein oder einem anderen Schluck. Wenn wir mit Freunden, der Familie oder in der Gemeinschaft der Pfarrhaushalte kochen und essen, dann können wir nicht nur kreativ sein und manches vielleicht verborgene Talent entdecken, sondern vor allem auch Gemeinschaft pflegen, Gespräche führen und miteinander „Auftanken".

Mit den vielfältigen Rezepten aus den Pfarrhäusern der ganzen Diözese wird deutlich, dass sich das geistliche Wohl immer auch mit dem leiblichen Wohl verbindet.

Der Mensch erfährt so mit allen Sinnen die großartige Zusage unseres Glaubens: Gott ist ein Gott des Lebens, der Freude und der Fülle.

Gute neue Geschmackserlebnisse
und viel Freude beim Nachkochen wünscht Ihnen

Dr. Karl-Heinz Wiesemann
Bischof von Speyer

Hausgebeizter Lachs

Pfarrer Frank Aschenberger
Waldsee

Pfarrer Frank Aschenberger ist „Der Neue". Nicht als Seelsorger – sondern als Pfarrer in Waldsee, Altrip, Limburgerhof, Neuhofen und Otterstadt. Seit September 2011 leitet der passionierte Hobbykoch die neue Großpfarrei. Und damit die Gemeinde auch gleich merkt, mit wem sie es zu tun hat, wird gekocht. Denn das kann er gut!

Bestätigen können das nicht zuletzt die „JUW-Damen": JUW steht für „Jung", „Weiblich" und „Unternehmenslustig" – und steht für ein Angebot in Hettenleidelheim, welches junge Frauen seiner bisherigen Pfarreiengemeinschaft zu gemeinsamen Unternehmungen auch außerhalb des kirchlichen Kontexts gewinnen soll.

Unter dem JUW-Dach wurde ein Jahresprogramm mit diversen Veranstaltungen erstellt. Pfarrer Aschenberger erklärte sich so-

fort bereit, in diesem Rahmen auch einen Kochabend zu veranstalten. „Es war eine tolle Gruppe aus der Pfarrgemeinschaft. Ich habe geplant und eingekauft – gekocht haben wir dann alle zusammen", schwärmt der Geistliche noch heute. An diese Tradition möchte der Herr Pfarrer auch in der neuen Gemeinde anknüpfen.

Frank Aschenberger ist beim Thema Kochen erblich vorbelastet. „Meine Mutter ist Hauswirtschafterin, wir waren zu Hause zwei Jungs – und ich habe schließlich eine echte Kochleidenschaft entwickelt." Diese geht soweit, dass Pfarrer Aschenberger bei Bedarf auch catert. So geschehen bei der Hochzeit eines seiner engsten Freunde. Zuerst war der Priester gefragt und das Paar wurde kirchlich getraut. Dann tauschte Frank Aschenberger Messgewand gegen Kochschürze und die Hochzeitsgesellschaft wurde dem Anlass entsprechend mit einem festlichen Menue versorgt. „Ganz alleine schaffe ich so etwas natürlich nicht. Da brauche ich fleißige Helfer", verrät Pfarrer Aschenberger: Mutter und Tante halfen in der Küche, der Vater spielte den Mundschenk.

Doch hat der junge Seelsorger auch mal „kleinere Brötchen gebacken". In seiner Zeit als Student in Rom wurde mit Wasserkocher und Kochplatte gebrutzelt – zwar keinen hausgebeizten Lachs, dafür leckere italienische Speisen. „Brot habe ich übrigens damals auch gebacken, allerdings mit einem kleinen Brotbackautomaten. Und immer wenn ich das tat, war meine Bude voll mit Besuch", so der ehemalige Wahl-Römer augenzwinkernd.

Übrigens:

Pfarrer Aschenberger ist obendrein noch Landwirt: „Der Traktor ist schon nach Waldsee umgezogen. Die Tiere folgen jetzt so schnell als möglich", lässt uns der vielseitige Pfarrer wissen. Denn zu seiner Gemeinde gehören schließlich auch seine Schafe, Hühner und Enten.

Hausgebeizter Lachs

Hausgebeizter Lachs

(4 Personen)

Zutaten

400g frischen Lachs mit Haut
1TL gem. schwarzen Pfeffer
1TL gem. Senfsaat
1TL gem. Koriandersaat
1TL gem. Wacholderbeeren
1EL getr. Dill
1EL getr. Petersilie
1TL Zucker
50g Meersalz
3 Kartoffeln
8 Spargel
2EL Speisestärke
1TL Petersilie
1 EL Haferflocken
1 Ei
50g Rauke
Muskat
Öl
Salz, Pfeffer

Für die Vinaigrette:

1 unbehandelte Orange
1 unbehandelte Limette
1 EL Akazienhonig
4 EL Ölivenöl

Zubereitung

Lachs mit Pfeffer, Senfsaat, Koriander, Wacholderbeeren, Dill, Petersilie, Zucker und Meersalz für ca. 1,5 Tage beschwert im Kühlschrank beizen lassen.

Kartoffeln und Spargel schälen und in Stifte schneiden. Speisestärke, Petersilie, Haferflocken und Ei verrühren und mit Salz, Pfeffer und Muskat abschmecken. Kartoffeln und Spargel in die Masse geben. Öl in einer Pfanne erhitzen und die Masse als kleine Puffer ausbacken.

Saft und geriebene Schale einer halben Orange mit Saft einer halben Limette, Honig und Olivenöl verrühren, mit Salz und Pfeffer würzen. Rauke auf Puffern und Lachs anrichten und mit der Vinagrette beträufeln. Sofort servieren.

SALTIMBOCCA ALLA ROMANA

KAPLAN THOMAS BECKER FRANKENTHAL

Eigentlich hat Kaplan Thomas Becker aus Frankenthal den Beruf verfehlt: Wer schon einmal von ihm bekocht wurde, fragt sich, weshalb der junge Mann dieses Talent nicht zu seiner Profession gemacht hat. Die Antwort darauf gibt er selbst: „Ganz einfach – ich wollte schon immer Priester werden. Das war mein Wunsch und meine Familie hat mich darin immer unterstützt." Das wiederum war ein Glücksfall für die Gemeinde Frankenthal, der „Stadt der kurzen Wege".

Denn Kaplan Becker wurde dort als „Neuling" ins sprichwörtliche „kalte Wasser" geworfen: Als der dortige Pfarrer unerwartet sehr schwer erkrankte, übernahm Thomas Becker beherzt die gesamte Gemeinde. Der junge Kraichgauer sollte sich ursprünglich zwar auf seine unterstützenden Aufgaben als Kaplan konzentrieren. Doch als der örtliche Pfarrer seine Aufgaben als Seelsorger nicht mehr wahrnehmen konnte, war im wahrsten Sinne des

Wortes „Not am Mann". Kaplan Becker nahm die Herausforderung an – und meisterte sie nach Aussage von Pfarrer, Pfarrgemeinderates und Gemeinde mit Bravour.

„Ohne die Unterstützung der Gemeindereferentin und des gesamten Pfarrgemeinde-Teams hätte ich das aber nicht so schnell geschafft. Für das Gemeindepastoral 2015 wünsche ich mir genau so ein Team, wie es hier in Frankenthal tagtäglich zusammenarbeitet. Wir können uns blind aufeinander verlassen!" – so der „Teamplayer" Kaplan Becker.

Um ab und an den Kopf freizubekommen, fährt Kaplan Becker regelmäßig in seinen alten Heimatort Malsch im Kraichgau, wo auch heute noch Familie und engste Freunde leben: „Dort habe ich eine komplett eingerichtete Wohnung und mache gerne Kochabende mit meinen Kumpels." Diese „Jungs" spielten einst schon zusammen im Sandkasten und haben über die Jahrzehnte ihre Freundschaft gepflegt – auch wenn sich die jeweiligen Lebenssituationen inzwischen unterscheiden. Für Kaplan Becker stellt dies eine Bereicherung für sein Leben dar: „Natürlich bin ich in erster Linie Priester, dabei aber auch noch Mensch. Und da ist es gut, enge Freunde zu haben, mit denen ich mich in jeder Situation austauschen kann und die einem auch mal den Kopf wieder gerade rücken", so der angehende Pfarrer tiefgründig.

Übrigens:
Thomas Becker war mal Praktikant bei Pfarrer Braun in Deidesheim. Dort hat er aber nicht kochen gelernt: „Das habe ich zu Hause von meiner Mutter und Oma abgeschaut", betont der sympathische Kaplan. „Auf sie lasse ich nichts kommen", meint er mit einem Augenzwinkern. Bei Pfarrer Braun hat Kaplan Becker dann aber doch noch etwas gelernt: Nämlich Wein trinken und entdecken.

Saltimbocca alla romana

Saltimbocca alla romana

(4 Personen)

Zutaten

6 dünne Kalbschnitzel
(so dünn wie Rinderrouladen geschnitten)

100 g Parmaschinken

18 Salbeiblätter

Zahnstocher

Butter

Schwarzer Pfeffer aus der Mühle

Zitronensaft

Trockener Weißwein

Salz

Mehl

Zubereitung

Aus einem Schnitzel 3 Teile schneiden, so dass ein Teil die Größe eines Medaillons erhält. Darauf etwas Parmaschinken und ein Salbeiblatt stecken. Die Filets kurz in Mehl wenden. Je nach Anzahl der Fleischteile diesen Vorgang wiederholen. Etwas Butter in eine große, beschichtete Pfanne geben und das Fleisch scharf anbraten. Nach dem Wendevorgang auf der einen Seite pfeffern. Wenn die die zweite Seite goldbraun geworden ist, mit Weißwein am Pfannenrand ablöschen. Reduzieren lassen. Evtl. nochmals Wein dazugeben. Wer es gerne säuerlich mag, die Soße mit Zitronensaft ergänzen. Der nun hellen Soße noch vorsichtig Salz dazugeben und einen Stich Butter. Kurz aufkochen bis das Ganze sämig ist. Dazu frisches Baguette reichen.

Pastagerichte mit einer Grundsoße

(4 Personen)

Bei der Pasta rechnet man mit ca. 125g bis 140g Nudeln pro Person. Nudeln sollten immer mit Soße umschlungen sein!

Zutaten

Grundsoße:

2 Pk passierte Tomaten

2 – 3 Knoblauchzehen

2 – 3 Nelken

1 Lorbeerblatt

Olivenöl

Peperoncino (als Ersatz: Cayennpfeffer)

Salz und Pfeffer

evtl. etwas Wasser

Zubereitung

Grundsoße:

Olivenöl in einem Topf erhitzen, die in 2 Teile geschnittenen Knoblauchzehen dazugeben, erhitzen. Nun mit den Tomaten und etwas Wasser ablöschen. Nelken und Lorbeerblatt dazugeben. Mit Pfeffer und Salz abschmecken. Eine Messerspitze Peperoncino-Pulver dazugeben. Das Ganze nun in Ruhe ca. 30 Min. vor sich hinkochen lassen. Nach ½ Stunde die Soße nochmals abschmecken. Knoblauch, Nelken und Lorbeer herausfischen.

Spaghetti alla Puttanesca

Zutaten

1 kleinere Tasse voller schwarzer Oliven mit Stein
2 – 3 Esslöffel Kapern
mind. 5 Sardellenfilets

Zubereitung

Die schwarzen Oliven vom Stein befreien und in die Grundsoße geben. Danach Kapern dazugeben. Sardellenfilets in kaltem Wasser abspülen und klein schneiden. Zu Oliven und Kapern dazugeben. 10 Minuten kochen. Etwas Olivenöl dazugeben.

Soße unter die abgekochten, al dente Spaghetti geben.

Heiß servieren. Im Teller mit Parmesan bestreuen.

Rigatoni al Tonno

Zutaten

1 Dose Thunfisch im eigenen Saft
Olivenöl
Zitronensaft
etwas Estragon

Zubereitung

Den Thunfisch auf einen Teller verteilen und mit Olivenöl und Zitronensaft marinieren. Einen Teelöffel getrocknetes und geschnittenes Estragon darüber geben. Wiederum durchmengen.

Das Ganze 10 Min. ziehen lassen. In einem Topf die Pasta nach Vorschrift al dente kochen. Die fertigen Rigatoni mit der Grundsoße durchmengen und in tiefe Teller geben. Danach den marinierten Thunfisch über die Pasta verteilen und mit geriebenem Parmesan bestreuen.

Penne all' Arrabiata

Zutaten

mind. 250g geräucherten Schinkenspeck (oder Dörrfleisch)
1 kl Dose große, weiße Saubohnen
geriebenen Pecorino
etwas Peperoncinipulver
Olivenöl

Zubereitung

Die abgespülten weißen Bohnen in die Grundsoße geben. Alles 30 Minuten köcheln lassen. Schinkenspeck klein schneiden und in einer kleinen, heißen Pfanne kurz anbraten.

Den Speck in die Soße geben. Mit Olivenöl und Peperoncinipulver abschmecken.

Die Nudeln nun mit der Bohnen-Speck-Soße vermengen und auf Teller verteilen. Mit reichlich Pecorino bestreuen.

Dazu können Knoblauch-Crostini gereicht werden.

GRUMBEERKNEPP
(SCHNEEBÄLLSCHER)

PFARRER BERNHARD BRAUN
DEIDESHEIM

In seiner Heimatgemeinde Deidesheim ist er bekannt wie der sprichwörtliche „Bunte Hund" – und das nicht erst seit seiner Teilnahme am „Perfekten Dinner", einer Koch-Show im Fernsehen: Pfarrer Bernhard Braun. Er ist auch für Forst und Ruppertsberg zuständig und wurde wegen seiner ‚Volksnähe' auch zum stellvertretenden Vorsitzenden der Deidesheimer Jungwinzer und Ehren-Präses der bekannten „Deidesheimer Kerwebuwe" gewählt. Für die junge Sängergruppe kocht er auch gerne mal ein typisch pfälzisches Gericht, zu dessen Verzehr er die „Buwe" in das alte Pfarrgut einlädt. An einer langen Tafel im wunderschönen Esszimmer des über 1000 Jahre alten Guts werden die leckeren Speisen verköstigt. Dazu wird ein knackiger Weißwein kredenzt.

Dass dieser aus eigenem Anbau stammt, ist Pfarrer Braun zu verdanken, der im Jahr 2009 eine gute alte (Wein-)Tradition

wieder aufleben ließ: Damals begannen Jugendliche aus der Pfarrei damit, bis dato ungenutzte Rebflächen des Pfarrgutes wieder zu bewirtschaften. Noch im gleichen Jahr erzeugten sie die ersten 100 Liter Wein im Keller des Pfarrhauses. Aufgrund der geringen Mengen kam der – liebevoll „Woi(h)hwasser" getaufte – Wein zunächst nicht in den Vertrieb. Ein Jahr später war es dann aber soweit: Der Wein des Pfarrgutes wurde, ausgestattet mit eigenem Etikett, zum Verkauf angeboten. Der Erlös kommt der Unterstützung der Jugendarbeit in der Pfarrei zugute.

Kochen gelernt hat Pfarrer Bernhard Braun ganz klassisch – und zwar bei seiner Mutter. In seiner Zeit als Diakon bekochte er bereits den damaligen Pfarrer in Eußerthal. Heute lebt seine Mutter im Altenheim in Deidesheim, kommt aber jeden Sonntag zum Essen zu ihrem Sohn nach Hause. „Meiner Mutter schmeckt es immer bei mir – auch wenn mal was ‚aus de Lameng' gekocht ist." Seit kurzem widmet sich der umtriebige Pfarrer zudem einem weiteren kulinarischen Projekt – dem Backen. „Lange Zeit habe ich mich da nicht dran getraut, aber jetzt wird's nach und nach", kommentiert er seine Backkunst bescheiden. Wir können somit also gespannt sein, ob wir demnächst ein tolles Backrezept aus Deidesheim erhalten.

Übrigens:
Beim „Perfekten Dinner" treten Hobbyköche gegeneinander an. Als Pfarrer Braun seinerzeit seine Kochkünste darbot, wurde vor dem Essen obendrein gebetet – was der Sender damals vollständig ausstrahlte. „Das hat mich besonders gefreut", so Pfarrer Braun. Gewinner kann es bei diesem Wettbewerb nur einen geben – in diesem Fall tatsächlich Pfarrer Braun.

Grumbeerknepp
Saeco
Woi[h]wasser

Grumbeerknepp

(Kartoffelknödel aus gekochten Kartoffeln) 4 Personen

Zutaten

1 kg mehlige Kartoffeln vom Vortag
200g Mehl
2 Eier
1 TL Salz
½ Bd. Petersilie, klein gehackt
¼ Muskatnuss, gerieben
1 Pk Kartoffelpüree
1 Brötchen vom Vortag
100g Butter
2 TL Weckmehl

Zubereitung

Kartoffeln am Vortag mit Schale kochen. Danach schälen und noch warm durch den Wolf drehen oder eine Presse drücken (ggfs. auch grob reiben). Über Nacht abgedeckt kalt stellen.

Am nächsten Tag Mehl, Eier, Salz, Petersilie, Muskatnuss und Kartoffelpüree zu den Kartoffeln geben und gut vermischen.

Brötchen in kleine Würfel schneiden und in 50g Butter knusprig braten. Auskühlen lassen. Dann 2 bis 3 Brötchenwürfel mit Kartoffelteig umhüllen und mit feuchten Händen zu Klößen formen. In reichlich Salzwasser kochen. Wenn die Klöße an die Oberfläche kommen, herausnehmen und auf einer Servierplatte anrichten.

Die restlichen 50g Butter erhitzen und darin das Weckmehl anbräunen. Damit die fertigen Kartoffelklöße abschmelzen.

Dazu passen Schweine-, Gänse- oder Rinderbraten mit reichlich Sauce, dazu Salat reichen.

Nuss-Parmesan-Taler

Pfarrer Axel Brecht
Landau

Er ist der Hauptgewinn: Pfarrer Axel Brecht. Oder besser gesagt ein von ihm zubereitetes mehrgängiges Menü. Denn was der Pfarrer und semi-professionelle Koch seinen Gästen auftischt, kann durchaus mit den großen Namen der Koch-Branche mithalten. Während seiner Zeit als Pfarrer in Homburg im Saarland, verloste Axel Brecht jedes Jahr an Weihnachten ein Essen von und mit ihm. Der Erlös aus dem Losverkauf kam der kongolesischen Partnergemeinde Homburgs zu Gute. „Die Lose waren sehr begehrt", erzählt der Geistliche noch heute, angetan ob des sozialen Engagements. Insgesamt acht Personen wurden von ihm bekocht. „Das Schönste an diesen Kochabenden waren immer die Gespräche, die sich aufgrund der unterschiedlichsten Konstellationen von Leuten ergeben haben."

Kochen und Essen bedeutet für den Pfarrer weit mehr als reine Nahrungsaufnahme: „Es hat etwas mit Mahl halten zu tun",

erklärt Axel Brecht tiefgründig. Wenn Christen sich zum Abendmahl versammeln, tun sie das in der höchsten Form der Eucharistiefeier. Auch beim gemeinsamen Kochen muss der Tiefgang keineswegs fehlen. Aus dieser Idee heraus entstanden in der saarländischen Gemeinde seinerzeit einige Projekte. So etwa der „Suppensonntag", an dem einmal im Jahr hunderte Gäste teilnahmen, und der ökumenische Männerkochclub. Oder „jung & fresh", ein Kochabend, an dem der Pfarrer mit jungen Leuten die sogenannten „Basics" des Kochens erprobte und Fundamente des eigenen Glaubens diskutierte – vom fachgerechten Zerlegen von Geflügel über das fertige bis hin zum „jüngsten" Gericht.

„So etwas möchte ich auch in Landau wieder starten", erzählt Pfarrer Brecht voller Motivation. Der Anfang ist bereits gemacht. Zwei Pastoralreferenten konnte der Geistliche schon für sein Projekt gewinnen. „Wir werden eine Kochabend-Reihe anbieten, bei der die einzelnen Termine jeweils unter einem anderen Motto stehen." Beginnen möchte Axel Brecht mit „Fond-Management". „Nein, wir werden keine Aktientipps geben, sondern die Zubereitung von einfachen Fleisch-, Gemüse- oder Fischfonds erklären", schmunzelt der Pfarrer. Apropos Grundlagen – der theologische Aspekt soll bei diesen Terminen auch nicht zur kurz kommen. So werden beim ersten Termin die Grundlagen des Glaubens diskutiert. Ein zweiter Termin steht auch schon fest: Er steht unter dem Motto „Brot und Wein" und soll die Eucharistiefeier näher beleuchten.

Übrigens:
Die Gemeindemitglieder in Landau können auch lecker kochen. Jeden Sonntag gibt es im „Marienkeller" der Pfarrei St. Maria ab 18 Uhr ein warmes Abendessen.

Nuss-Parmesan-Taler

Nuss-Parmesan-Taler

(ca. 50 Stück)

Zutaten

100 g weiche Butter

100 g Parmesan

100 g Mehl

2 Eier

90 g Nussmischung (wie Mandel, Haselnuss, Pinienkerne, dazu einige Pistazien)

Salz

Pfeffer

Zubereitung

Die weiche Butter mit dem Handrührer geschmeidig rühren. Den fein geriebenen Parmesan und das Mehl, dann die Eier und zum Schluss die gehackten Nusskerne untermischen. Den Teig mit einer Prise Salz und etwas frisch gemahlenem Pfeffer abschmecken.

Den Teig als langer Strang mit etwa vier Zentimeter Durchmesser auf mehrere Bögen Frischhaltefolie geben. Gut einwickeln, die Enden wie ein Bonbon zusammendrehen und den Teig im Kühlschrank für mind. eine Stunde ruhen lassen.

Danach die Rollen in ca. ½ Zentimeter dicke Scheiben schneiden. Ein Backblech mit Backpapier auslegen, die Taler darauf verteilen und etwa 15 Minuten im Backofen (auf 180 Grad vorgeheizt - Umluft 160 Grad, Gas Stufe 3-4) backen.

Mariniertes Teufelshähnchen

(2 Personen)

Zutaten

1 Brathähnchen (ca. 1,1 kg)

1 Zitrone

4 getrocknete Chilischoten

10 frische Salbeiblättchen

100 ml Olivenöl

Salz, Pfeffer aus der Mühle

Zubereitung

Das Hähnchen auf der Brustseite mit der Geflügelschere aufschneiden, flachdrücken und auf einen großen Teller legen.

Die Chilischoten entkernen, winzig klein hacken und in eine kleine Schüssel geben. Den Zitronensaft, 100 ml Olivenöl, Salz und Pfeffer hinzufügen und verquirlen.

Die Salbeiblättchen in feine Streifen schneiden und in die Marinade rühren.

Das Hähnchen von beiden Seiten mit der Marinade begießen und einreiben, mit Folie abdecken und 2 Std. durchziehen lassen.

Den Backofen auf 170 Grad vorheizen.

Das Hähnchen auf den Grillrost (Blech darunter) legen und im vorgeheizten Backofen etwa 90 Min. knusprig braten.

Dazu schmecken Reis, Hirse, Polenta, frisches Baguette oder auch ein herzhaftes Vollkornbrot.

Crevetten an Avocado, Orange und Tomaten

(4 bis 6 Personen)

Zutaten

24-32 Crevetten
2 Avocado
3 Orangen
12 rote Cocktailtomaten
12 gelbe Cocktailtomaten
1 TL rosa Pfeffer
Meersalz
2 EL Olivenöl
1 TL Sherryessig
frische Salatkräuter zum Garnieren

Zubereitung

Crevetten schälen und in eine Schüssel geben.

Geschälte Orangen in Stücke schneiden und beifügen, mit Pfeffer, Salz, Olivenöl und Essig vermengen. Kalt stellen.

Crevetten-Orangen-Salat auf die Teller geben. Je eine Avocadohälfte zu Kugeln ausstechen und auf den Salat legen. Mit Tomaten und frischen Kräutern garnieren.

Dazu passen frische Sauerteigbrötchen oder Baguette.

Frisches Erdbeereis

(4 bis 6 Personen)

Zutaten

350 g Erdbeeren
1/2 Zitrone
1 Orange (alternativ: Zitrone, Limette)
90 g Zucker
200 ml Schlagsahne
Hinweis: Alle Zutaten gut vorkühlen!

Zubereitung

Alle Zutaten müssen gut vorgekühlt sein.

Die Erdbeeren abwaschen, mit Küchenpapier trocken tupfen und die Stiele abzupfen.

Für jede Eisportion eine große Erdbeere auf die Seite legen und kühlen.

Die restlichen Erdbeeren klein schneiden und passieren oder durch ein nicht zu feines Sieb streichen.

Die Orange und die halbe Zitrone auspressen. Bei ungewachsten Früchten kann auch die Schale fein gerieben und dazu gegeben werden. Den Zucker zum Erdbeerpüree geben und so lange rühren, bis er aufgelöst ist.

Bei Verwenden einer Eismaschine:

Das Erdbeerpüree und die Schlagsahne in die Eismaschine geben und ca. 45 Minuten gefrieren lassen. Dann in Eisgläser umfüllen und genießen.

Ohne Eismaschine:

Das Erdbeerpüree in einer Schüssel ca. eine halbe Stunde in die Gefriertruhe stellen. In der Zwischenzeit Eiweiß steif schlagen und ebenfalls kalt stellen.

Anschließen die kalte Sahne schlagen. Zuerst die Sahne und dann das Eiweiß unter das Fruchtpüree heben, die luftige Masse in Portionsgläser geben und ca. fünf bis zehn Stunden gefrieren lassen.

Zum Servieren mit den großen Erdbeeren garnieren.

Rosmarin-Limetten-Sorbet

(4 bis 6 Personen)

Zutaten

40 g Rosmarinnadeln
4 unbehandelte Limetten
120 g Zucker
200 ml Schlagsahne
300 ml Milch

Zubereitung

Milch und Sahne in einem Topf zum Kochen bringen, vom Herd nehmen und die Rosmarinnadeln darin zehn Minuten ziehen lassen; dabei den Topf abdecken. Die Limetten heiß abwaschen und gut abtrocknen, die Schale dünn abreiben und den Saft auspressen.

Dann die Sahne-Milch-Mischung abseien, den Zucker, den Limettensaft und den Limettenabrieb dazu geben und (ggf. über Nacht) im Kühlschrank gut abkühlen lassen.

Bei Verwendung einer Eismaschine:

Die Sorbetmasse in die Eismaschine geben und ca. 45 Minuten gefrieren lassen. Dann in Eisgläser umfüllen und servieren.

Zubereitung ohne Eismaschine:

Zusätzliche Zutaten: 1 Eiweiß und etwas kalte Sahne

Die Sorbetmasse in einer Rührschüssel ca. eine halbe Stunde in die Gefriertruhe stellen. In der Zwischenzeit Eiweiß steifschlagen und ebenfalls kalt stellen. Danach die kalten Sahne schlagen. Anschließend zuerst die Sahne und dann das Eiweiß unter die Rosmarin-Limetten-Mischung heben, die luftige Masse in Portionsgläser geben und ca. fünf bis zehn Stunden gefrieren lassen.

Zum Servieren mit einem kleinen Rosmarinzweig garnieren.

Süßes Kartoffelgratin

Süßes Kartoffelgratin
(4 bis 6 Personen)

Zutaten

750-1.000 g festkochende Kartoffeln

1 Vanilleschote

100 g Zucker

500 ml Schlagsahne

Zubereitung

Die Kartoffeln schälen und in dünne Scheiben hobeln.

Die Vanilleschote auskratzen, das Mark in die Sahne geben, Zucker dazu und mit dem Schneebesen verrühren.

Kartoffelscheiben in eine mit Butter eingefettete feuerfeste Form geben und Sahnemasse darauf verteilen (Kartoffeln müssen „unter Wasser" sein).

Bei 170 Grad im Backofen ca. 30 Minuten gratinieren.

Das lauwarme Gratin mit Rosmarin-Limetten-Sorbet oder frischem Erdbeereis servieren.

Indisches Linsengericht

KAPLAN CHINNA
NEUSTADT AN DER WEINSTRASSE

Wie kommt man an einen Ort, dessen Betreten normalerweise „unter Strafe steht"? Ganz einfach – man wird vom Hunger dorthin getrieben.

Kaplan Chinna aus Neustadt an der Weinstraße stammt gebürtig aus Süd-Indien. Und dort ist es für Männer nicht üblich, die Küche zu betreten – geschweige denn selbst zu kochen. Die Küche ist das uneingeschränkte Hoheitsgebiet der Frauen.

Als Kaplan Chinna vor zwei Jahren an die Weinstraße kam, wurde er dort nicht nur mit offenen Armen empfangen, sondern auch mit den berühmten Köstlichkeiten aus der Pfälzer Küche – beispielsweise Saumagen, Blut- und Leberwurst. Tapfer probierte er sich durch die deftige „Pälzer Küch", um letztlich aber doch zu dem Schluss zu gelangen, dass selbige und er nur bedingt füreinander geschaffen sind.

Was aber tun, wenn der Magen nun einmal knurrt? Am besten die Mutter in Süd-Indien anrufen und sie um das Rezept des eigenen Lieblingsessens – ein indisches Linsengericht – bitten. Als Kaplan Chinna das tat, war seine Mama wiederum einigermaßen erstaunt. Als er ihr jedoch die „Notlage" mit einer gehörigen Portion Humor erläuterte, gab sie die Zutatenliste durch – jedoch unter einer Bedingung: „Lass Dir von einer Frau helfen!"

Diese erschien dann auch tatsächlich in persona Maria Luise Rosinsky, Kaplan Chinnas Sprachlehrerin. Mit ihr gemeinsam gelang sein Leibgericht „wie daheim" und seitdem ist jeden Montag großer Kochtag. Hauptsächlich wird dann indisch zubereitet, in erster Linie mit Originalgewürzen aus Kaplan Chinnas Heimat, die entweder seine Mutter per Post schickt oder die er von Heimatbesuchen mitbringt.

Seine Kochleidenschaft reicht inzwischen so weit, dass er beispielsweise in der Woche des „Weinlesefests" in Neustadt an der Weinstraße an einem Tag im „Weinhaus" der Pfarrei ein indisches Gericht für Besucher kochte. An den anderen Tagen gab es Pfälzer Gerichte: „Von denen halte ich mich aber stets fern – die sind immer noch nichts für mich", sagt Kaplan Chinna schmunzelnd.

Übrigens:
Wer gerne sehr scharf würzt, sollte zum Linsengericht einen Lassi trinken. Der Yoghurt-Drink nimmt die Schärfe. Wenn es ganz heftig wird oder es der Koch etwas zu gut mit den Chilis gemeint hat, kann auch zum Essen Natur-Yoghurt gereicht werden. Dieser wird nach Bedarf auf dem Teller direkt mit dem Essen vermischt und neutralisiert die Schärfe.

Indisches Linsengericht

Indisches Linsengericht

(4 Personen)

Zutaten

1 Tasse Linsen
4 Chilischoten
4 Tomaten
2 Karotten
2 Zwiebeln
5 Knoblauchzehen
2 Teelöffel Salz
Koreanderblätter
Chilipulver
4 Kaffeelöffel Tamarinde-Paste (Asiamarkt)
Masala
Kreuzkümmel

Zubereitung

Die Linsen mit 2 Tassen Wasser in einen Topf geben.

Chilischoten klein schneiden, Tomaten würfeln, Karotten schneiden, Korianderblätter hacken und dazufügen.

Gemüse kochen bis es weich ist (auch im Schnellkochtopf möglich). Danach Salz und Chilipulver und Tamarinde-Paste darüber geben. Gemüse stampfen und kurz ziehen lassen.

Öl in einen Topf geben, die gewürfelten Zwiebeln, die gehackten Knoblauchzehen und etwas Masala, Kreuzkümmel und Senfkörner darin andünsten; die Linsen dazuschütten, aufkochen und kurz köcheln lassen, abschmecken.

Zum Servieren frische Korianderblätter darüber streuen.

„1A“-Bliesgau -Käsespätzle

Pater Josef Dohmen SVD
Rubenheim

Ich bin der Pater, der sie nicht mehr alle hat!“ Auf diese etwas irritierende Art und Weise begrüßt Pater Josef Dohmen seine Gäste im Rubenheimer Pfarrhaus oder Neu-Ankömmlinge in der Pfarrei. Doch die Verwirrung klärt sich rasch: Im Alter von gerade einmal 15 Monaten verlor er zweieinhalb Finger seiner linken Hand. Er wollte seinerzeit bereits als Kleinkind prüfen, ob die heimische Waschmaschine auch tatsächlich funktioniert. Zum Glück passierte damals nicht noch Schlimmeres. An das Unglück erinnern kann sich Pater Dohmen indes nicht mehr: „Ich bin mit den paar Fingern weniger groß geworden und kenne es nicht anders. Es ist aber immer wieder lustig, wenn ich die Leute auf meine ganz besondere Art begrüße!“

Überhaupt ist Pater Dohmen ein sehr lustiger Mensch. Der gebürtige Heinsberger macht dem Klischee des fröhlichen Rheinländers alle Ehre. „Wir kennen ihn nur lustig, freundlich und

schätzen seine offene frohe Art", bestätigen seine Haushälterin Gabi Siegrist und die Pfarrsekretärin Susanne Karl. Ohne die beiden Damen wäre Pater Dohmen, wie er selbst sagt, „aufgeschmissen": Susanne Karl ist in verschiedenen Organisationen der Kirche engagiert und kümmert sich im Pfarrbüro um die Belange der Pfarreiengemeinschaft, die insgesamt fünf Dörfer mit drei Kirchen umfasst.

Gabi Siegrist ist seit August 2011 die „Gute Seele" im Pfarrhaushalt. Sie kümmert sich um Einkäufe, Wäsche und kocht für den Pater. „Freitags koche ich drei Gerichte. Eines, das wir zum Mittag essen und zwei weitere, die Pater Dohmen am Samstag und Sonntag wärmen kann." Gespeist wird im Pfarrhaus stets um 12 Uhr. „Das ist so nicht gewollt, aber irgendwie ist das Essen immer fertig, wenn die Mittagsglocken läuten", schmunzelt die Haushälterin.

Pater Dohmen wollte ursprünglich Missionar in Neuguinea werden, doch daraus wurde nichts. Stattdessen arbeitete er lange Zeit als Militärdekan. Umso mehr ist er heute stolz darauf, dass er einige Leute aus der Gemeinde wieder für die Kirche gewinnen konnte, die mit diesem „Thema" bereits abgeschlossen hatten. „Somit kann ich auch in Deutschland noch Missionarsarbeit leisten", lächelt er.

Übrigens:

Das Rezept hat Gabi Siegrist aus einem Roman. Ihr Ehemann fand es in dem Buch „Der Bergpfarrer" – und regte an, dieses Gericht nachzukochen. Und so ist aus dem Romanrezept mit der persönlichen Note des „1a"- Pfarrhauses in Rubenheim, so die Postanschrift, das Rezept für die „1a" Bliesgau Käsespätzle geworden. Guten Appetit!

„1a"-Bliesgau-Käsespätzle

„1a“-Bliesgau-Käsespätzle

(4 Personen)

Zutaten

500 g Mehl
Salz
Pfeffer aus der Mühle
1 Prise frisch geriebene Muskatnuss
7 Eier
4 Gemüsezwiebeln
2 EL Butter
1 Prise Zucker
250 g geriebener Bergkäse würzig

Zubereitung

Mehl, Salz, Pfeffer, Muskat in einer Rührschüssel mischen, Eier zugeben und alles gründlich verrühren. Den Teig so lange schlagen, bis er Blasen wirft.

Teig portionsweise von einem feuchten Holzbrett in reichlich kochendes Wasser schaben. Sobald die Spätzle an die Oberfläche steigen, herausnehmen und abtropfen lassen.

Zwiebel schälen, halbieren und in Ringe schneiden. Butter in einer großen Pfanne erhitzen, Zwiebel darin weich dünsten, mit Salz und einer Prise Zucker würzen. Spätzle dazugeben und mitbraten. Den geriebenen Bergkäse darüber streuen und im Backofen ca. 20 Minuten bei 200 Grad Heißluft überbacken.

Dazu einen frischen Blattsalat servieren.

DAMBNUDLE
MIT WOISCHAUMSOSS

PFARRER KLAUS HERRMANN
MAIKAMMER

„Eigentlich sind Sie bei mir nicht richtig. Ich kann gar nicht kochen!" Mit diesen gleichermaßen selbstironischen wie humorigen Worten empfing Pfarrer Klaus Herrmann aus Maikammer seine Gäste. Ein Problem stellte dies jedoch keineswegs dar, denn der Pfarrer hatte gleichwohl ein ganz besonderes Leibgericht parat, das in keinem Kochbuch mit lokalen Rezepten aus der Pfalz fehlen darf: „Dambnudle mit Woischaumsoß".

Diese Speise gab es bereits in seiner Kindheit zu Hause. Heute ist die Schwester von Pfarrer Herrmann, Gertrud Weisenberger, die Küchenfee und zaubert ihrem Bruder stets am Wochenende die unterschiedlichsten Köstlichkeiten. Dass dabei das Leibgericht nicht fehlen darf, versteht sich von selbst.

Bevor Frau Weisenberger die Versorgung ihres Bruders übernahm, kochte die Mutter lange Zeit für ihren Sohn im Pfarr-

haushalt. Pfarrer Herrmann wuchs in der Südpfalz auf, in dem pittoresken Weindorf Weyher. Jeden zweiten Freitag im Monat war Dampfnudeltag. Mit der Pfälzer Traditionsspeise ist er damit – als echter „Pälzer Bub" – sozusagen groß geworden. Es war das gehobene Freitagsessen, das die Mutter für ihre Kinder stets mit großer Sorgfalt zubereitete. Eine mehr als glückliche Fügung für die „kleinen Dambnudleesser" daheim: Der Vater war ausgerechnet Winzer von Beruf – sodass die Soße immer auf Basis eines eigenen, guten Rieslings angesetzt werden konnte. Reichlich davon vorhanden war ja ohnehin.

Mutter Herrmann hat aus dem einfachen Essen immer etwas Besonderes gemacht: „Das beste an der Dampfnudel ist das Krüschtel und meine Mutter hat es immer perfekt auf den Punkt gebracht." Das Highlight jedoch ist unbestritten die Soße: „Der Weingeschmack ist in der Soße viel intensiver als im Glas und hält länger an", meint der Pfarrer. Richtig lecker schmecken die Dampfnudeln, wenn sie direkt aus der Pfanne serviert werden, wobei die Soße idealerweise noch warm ist.

Auf die Frage, warum er nicht Winzer geworden sei, antwortet Pfarrer Herrmann augenzwinkernd: „Wieso? Ich führe doch die Familientradition fort. Ich bestelle den Weinberg des Herrn."

Übrigens:
Dampfnudeln sind eine traditionelle Mehlspeise aus der süddeutschen Küche, wobei die „Pälzer Dambnudle" grundsätzlich ungefüllt serviert werden. Wem die „Woischaumsoß" nicht schmecken sollte, kann die Dampfnudeln getrost auch mit Vanillesoße servieren. Die stammt dann allerdings nicht aus dem Weinberg des Herrn.

Dambnudle mit Woischaumsoß

Dambnudle mit Woischaumsoß

(Dampfnudeln mit Weinschaumsoße) 4 Personen

Zutaten

500 g Mehl
1 Pk Hefe
1/4 l Vollmilch – Bei Bedarf auch mehr
1 Ei
100 g Zucker
1 Prise Salz
Für die Soße:
½ l herber Weißwein
¼ l Wasser
2 EL Zucker
1 TL Speisestärke
2 Eigelb
2 Eiweiß
Öl

Zubereitung

Dampfnudeln:

Mehl in eine Schüssel sieben und in der Mitte eine Vertiefung formen. Frische Hefe in die Vertiefung bröckeln. Mit wenig handwarmer Milch und einem Teelöffel Zucker einen kleinen Vorteig rühren. Teigschüssel mit einem Tuch bedecken und zimmerwarm 20 Minuten ruhen lassen.

Dann den Teig mit Ei, der restlichen lauwarmen Milch, restlichem Zucker und Salz gründlich durchkneten. Aus dem festen Teig Knödel in einem Durchmesser von ca. 6 cm formen. Die Knödel auf ein bemehltes Brett setzen, mit einem Tuch abdecken und wiederum 20 Minuten gehen lassen.

Eine tiefe Pfanne oder einen gusseisernen Bräter ca. 1 cm hoch mit heißem Wasser füllen. Etwas Öl und Salz dazugeben, aufkochen lassen. In die kochende Brühe die Dampfnudeln setzen. Den Deckel schließen und bei wenig Hitzezufuhr 15 Min. garen. Die Dampfnudeln sind fertig, wenn sich auf der Unterseite eine Kruste gebildet hat.

Soße:

Wein, Wasser und Zucker erhitzen, aber nicht kochen. Speisestärke mit 2 Esslöffel Flüssigkeit aus dem Topf gut verrühren. Die übrige Weinmischung zum Sieden bringen, und die angerührte Speisestärke mit einem Schneebesen einrühren. Ein- bis zweimal aufquellen lassen. Vom Herd nehmen. Eiweiß zu steifem Schnee schlagen, Eigelb gut verrühren. Die Weinsoße wieder erhitzen, Eigelb hineinrühren und 5 Minuten kräftig mit dem Schneebesen aufschlagen. Mischung wieder vom Herd nehmen und den Eischnee mit einer Gabel ganz locker unter die Soße heben. Dabei auf keinen Fall rühren!

*Dampfnudeln direkt
mit warmer Soße servieren!*

Saumon au Pernod

Lachsfilet an Pernod-Sauce

Dekan Michael Janson
Hassloch

Die Kochkarriere von Pfarrer Michael Janson in Haßloch begann zu Studienzeiten im Rahmen eines Sozialpraktikums im SOS-Kinderdorf in Eisenberg. U. a. war der Student in der Kinderdorffamilie einer Cousine seines Vaters im Einsatz, einer gelernten Hauswirtschaftsmeisterin, die ihm ganz nebenbei einige Grundlagen des Kochens mit auf den Weg gab. Ein Wochen-ende lang allein für die sechs Kinder der Familie inklusive Kochen verantwortlich zu sein – eine ernste Herausforderung für den 21-Jährigen.

Der zweite Impuls zum Kochen erreichte ihn im weiteren Verlauf seines Studiums: Ein Freund organisierte als Mitglied einer Studentenverbindung einen Kochkurs und lud ihn dazu ein. Ziel des Kurses war es, als Student in einer kleinen „Bude" mit lediglich zwei Kochplatten ein passables Gericht zaubern zu können. Seine erste größere Gesellschaft bekochte Pfarrer Janson dann als Kaplan

in Schifferstadt während einer Messdienerfreizeit. Es war üblich, dass die Gruppenleiter einen Abend frei hatten und zum gemeinsamen Essen gingen. Das Problem: das nächste Lokal war ein gutes Stück entfernt und es stand nur ein einziges Auto zur Verfügung, das des Kaplans. „Der Chauffeurdienst hätte bis in die frühen Morgenstunden gedauert, als Gruppe wären wir gar nicht zum Essen gekommen", schmunzelt er. Kurzerhand wurde entschieden, nach dem Abendessen der Kinder und Jugendlichen gemeinsam in der Küche vor Ort zu kochen und festlich zu speisen.

Heute beschränkt sich das Kochen auf den einen oder anderen freien Tag: „In der Regel versorgt mich meine Haushälterin, da ich einfach nicht die Zeit habe, mir etwas Gutes zu kochen, um mich ausgewogen zu ernähren."

Eines jedoch lässt sich Pfarrer Janson auch trotz seines engen Zeitplans nicht nehmen: Jedes Jahr bekochen er und die Gemeindereferentin die Kommunion-Katecheten. Dann gibt es ein mehrgängiges, reichliches Menü. Und so manches Rezept macht anschließend die Runde.

Übrigens:

Pfarrer Janson ist beim Thema Kochen erblich vorbelastet: Seine Eltern hatten eine Bäckerei mit Konditorei und Café in der Nordpfalz. Früher gab es für alle Mitarbeiterinnen und Mitarbeiter ein Mittagessen im Betrieb – eine ganz eigene Tischgemeinschaft. Als seine Mutter während seiner Semesterferien einmal länger ins Krankenhaus musste, war er im wöchentlichen Wechsel mit seiner Schwester für alles verantwortlich, was sonst an seiner Mutter hing – auch dafür, dass alle etwas zu Essen hatten.

Mittlerweile führt sein Bruder den Betrieb. „Seine Spezialität sind Torten. Er ist ein leidenschaftlicher Konditor!" Was ihm selbst jetzt näher liegt – das Kochen oder das Backen? „Schwer zu sagen – das sollen andere entscheiden!"

Saumon au Pernod

Saumon au Pernod

Lachsfilet an Pernod-Sauce (4 Personen)

Zutaten

4 Lachsfilets
Zitrone
Mehl
Butterschmalz oder Olivenöl
200 ml Wasser
2 gehäufte TL gekörnte Brühe
3 gehäufte EL Tomatenmark
200 ml Sahne
6 EL Pernod
Salz und Pfeffer

Zubereitung

Die Filets:

Lachsfilets waschen und trocknen, mit etwas Zitrone beträufeln und in Mehl wenden.

Butterschmalz in eine Pfanne geben und erhitzen, dann die Filets hineingeben und von jeder Seite anbraten. Bei größeren Mengen an Lachs die Filets nicht ganz durchbraten, sondern zuvor in das Ofenrohr geben bei 120° (Umluft). Vorsicht: Der Lachs darf nicht trocken werden!

Ansonsten die Filets in einer Alu-Folie warm halten.

Die Sauce:

Entweder auf dem Fischfond aus der Pfanne aufbauen oder neu mit Butterschmalz und Olivenöl ansetzen.

Beim Neuansatz etwas Mehl in die flüssige, heiße Substanz geben und gut umrühren. Bevor das Mehl braun zu werden droht, mit Wasser, unter zunächst kräftigem Rühren, ablöschen, dann gekörnte Brühe und Tomatenmark dazu geben und gut aufkochen lassen.

Sahne hinzufügen und die Temperatur zurücknehmen. Pernod einrühren und mit Salz und Pfeffer abschmecken.

Fleischfondue Saucen

Pfarrer Hermann Kast
Blieskastel

Pfarrer Hermann Kast hatte mal ein Geheimnis. Und zwar dass er sehr gut kochen kann. Und wie das mit Geheimnissen ab und an eben leider passiert, wurde auch dieses irgendwann gelüftet. In unserem Fall geschah dies jedoch eher unfreiwillig.

Pfarrer Kast ist der klassische Genießer. Er legt viel Wert auf gute Qualität bei Zutaten und Getränken – aber auch das Tischgedeck sollte die Ansprüche von Gourmets erfüllen. Den Sinn für das Kulinarische hat er von seiner Mutter geerbt: Frau Kast deckte traditionell zu jedem Essen den Tisch mit schönen Gläsern und feinem Geschirr. Offenbar gab sie diese Tischkultur erfolgreich an ihre Söhne weiter. Kein Wunder also, dass es an der gedeckten Tafel des Pfarrers bis ins letzte Detail stimmt. Beim geselligen Fondue werden diverse Schalen mit den unterschiedlichsten Köstlichkeiten aufgetragen – was jedoch einem harmonischen Gesamtbild nicht entgegensteht.

Das Fondue mit Soßen in verschiedenen Geschmacksrichtungen gewann Pfarrer Kast als Leibgericht eher zufällig für sich: das Fondue-Set wurde ihm vor einer Weile geschenkt. Doch sagte sich der zupackende Hobby-Koch „Probieren geht über Studieren" – und entdeckte so sein „Händchen" für Soßen quasi nebenbei. Seine Spezialität sind Soßen auf Yoghurt-Quark-Basis. „Diese können wunderbar vorbereitet werden, dann schmecken sie sogar noch besser", sagt Pfarrer Kast. Neben dem Geschmack bestechen die Saucen noch durch eine äußerst praktische Eigenschaft: Sollte ein Rest übrig bleiben, kann dieser genussvoll mit etwas Weißbrot „ausgeschleckt" werden.

Den passenden Wein zum Essen macht Pfarrer Kast nicht an vorgefertigten Empfehlungen vermeintlicher „Experten" fest – sondern am individuellen Geschmacksempfinden eines jeden Menschen: „Ich halte nichts von Vorgaben, welchen Wein man zu bestimmten Gerichten reichen soll. Essen und Trinken sollen Genuss sein und da die Geschmäcker verschieden sind, darf es auch gerne ein Rotwein zum Fondue sein."

Als sich „der pilger" zum Interview und Fotoshooting ankündigte, sagte Pfarrer Kast ein geplantes Mittagessen im Kloster, wo er regelmäßig speist, ab. Dort war die Verwunderung zunächst groß. Doch als Pfarrer Kast den Grund nannte, waren die Klosterbrüder begeistert: der Herr Pfarrer kann kochen! Und damit war das Geheimnis keines mehr und die Neuigkeit verbreitete sich in Windeseile.

Übrigens:
Pfarrer Kast hatte direkt die nächste Gelegenheit, seine Fähigkeiten als Saucen-Koch unter Beweis zu stellen: Der Termin für ein gemeinsames Fondue-Essen mit den Brüdern aus dem Kloster steht schon fest.

Fleischfondue-Saucen

Fleischfondue-Saucen

(4-6 Personen)

Zutaten

500g Quark (20%)

300g Joghurt

Sahne

Senf

Meerrettich

1 kl. Dose Tomatenmark

1 Bd. Petersilie oder Schnittlauch

1 mittlere Zwiebel

Zubereitung

Vorbereitung:

Quark und Joghurt verrühren. Nach Belieben mit etwas Sahne verfeinern. Mit Salz und Pfeffer abschmecken. Die Masse auf 6 Schälchen gleichmäßig verteilen (ca. 3 EL pro Schälchen).

Senfsauce:

Unter die Masse 1 EL Senf (nach Belieben auch 2 EL) rühren.

Meerrettichsauce:

Meerrettich, je nach gewünschter Schärfe, aus der Tube unter die Masse rühren.

Tomatensauce:

1 kleine Dose Tomatenmark unter die Masse rühren.

Kräutersauce:

Petersilie oder Schnittlauch fein hacken und unter die Masse rühren.

Zwiebelsauce:

Zwiebel klein hacken und in der Pfanne mit etwas Öl hellbraun rösten, danach unter die Masse rühren.

Cumberlandsauce:

1 EL Johannisbeer-Marmelade unter die Masse rühren.

Alles mit Salz und Pfeffer abschmecken.

Die Saucen eigenen sich auch als Brotaufstrich.

Gratin à la Portugaise

Domdekan Dr. Christoph Kohl
Speyer

Das Leben erzählt bisweilen kuriose Geschichten von Freundschaften. Domdekan Dr. Christoph Kohl aus Speyer kann eine solche erzählen.

Im Vorfeld des Weltjugendtages in Köln im Jahr 2005 wurde ein „ignatianisches Experiment“, geistliche Übungen, angeboten, zu deren Abschluss auch eine Führung im Speyerer Dom gehörte. Da der eingeplante Domführer erkrankte, suchte man händeringend kompetenten Ersatz. Als erfahrener Kenner des Speyerer Doms erklärte sich Dr. Kohl dazu bereit, einzuspringen. Es gab nur ein kleines Problem: Die Besuchergruppe setzte sich aus deutschen, spanischen und französischen Teilnehmern zusammen – und die Domführung wurde in französischer Sprache gewünscht. Dr. Kohl blieb dennoch bei seiner Zusage, atmete einmal tief durch – und machte sich postwendend auf die Suche nach einschlägigen französischen Vokabeln, um schließlich

die erste Domführung seines Lebens in der Muttersprache der „Grande Nation" zu halten.

Die Gruppe war gleichermaßen begeistert und beeindruckt angesichts der spannenden kirchlichen und weltlichen Hintergrundinformationen zum Dom. Zur Gruppe gehörte eine junge Französin, die den Domdekan spontan ansprach – um ihn hernach nach Reims in der Champagne einzuladen. Dort war ihre Mutter als Stadt- und Kathedralführerin tätig. Dr. Kohl überlegte nicht lange und nahm die spontane Einladung an.

In Reims lernte er ihre äußerst interessante Familie kennen: Mutter Margarete stammt ursprünglich aus dem Rheingau, der Liebe wegen verschlug es sie in die Champagne. Die ganze Familie ist stark in der Pfarrei engagiert, der Sohn der Familie war Mitorganisator des Weltjugendtages in Paris. Und die junge Dame selbst ist mittlerweile Pressesprecherin des COMECE (Kommission der Bischofskonferenzen der Europäischen Gemeinschaft).

Übrigens:
Inzwischen haben einige Besuche und Gegenbesuche stattgefunden, die Freundschaft zwischen Dr. Kohl und der Familie hat sich vertieft. Im Rahmen regelmäßiger Treffen wird stets eifrig gekocht, wobei ein edler Tropfen aus der Champagne oder der Pfalz dabei nie fehlt. Von einem der Besuche in Reims stammt auch das hier abgedruckte Rezept.

Gratin à la Portugaise

Gratin à la Portugaise / Portugiesischer Auflauf

(4 Personen)

Zutaten

500 g Zwiebeln
500 g Tomaten
500 g (neue) Kartoffeln
500 g Zucchini
2 EL Öl
4 EL Bouillon
1 kl Knoblauchzehe, gehackt
Thymian
Oregano
Salz und Pfeffer

Zubereitung

Eine Auflaufform gut einölen, die Zwiebeln, Tomaten, Zucchini und Kartoffeln in Scheiben schneiden. Die Gemüsesorten Reihe für Reihe, schräg übereinander liegend, in die Auflaufform füllen.

Bouillon in einer halben Tasse Wasser auflösen und damit das Gemüse übergießen.

Mit Salz, Pfeffer, Thymian, Oregano und Knoblauch würzen.

Mit Olivenöl beträufeln und im Ofen bei 200 Grad 45 min garen.

Schwaademaage-Salat

Pfarrer Gerhard Kolb
Annweiler

Pfarrer Gerhard Kolb sagt es geradeaus: „Ich liebe die Pfälzer Küche! Auf einem Pfälzer Teller ist genug drauf und man wird wenigstens satt“, schmunzelt der geborene Schifferstadter, der heute die Pfarrei in Annweiler leitet.

Ganz besonders schätzt der Gottesmann den Schwartenmagen – worauf das hier abgebildete Rezept als Salat basiert. Selbiges ist nur bedingt „Marke Eigenkreation“: „Ich habe einen ähnlichen Salat bei einem Restaurantbesuch in Freinsheim gegessen und ihn beim Nachkochen noch etwas verfeinert.“ – so der Hobbykoch aus Leidenschaft. Egal ob Original oder verfeinert: Pfarrer Kolb's Schwartenmagensalat ist inzwischen dermaßen berühmt, dass er schon in diversen Hochzeitszeitungen von Paaren, die er traute, abgebildet wurde.

In Freinsheim selbst war Pfarrer Kolb 15 Jahre Pfarrer, bevor er 2006 ins Trifelsland nach Annweiler und Wernersberg kam. In der ehemaligen Gemeinde hat er auch schon einmal für eine größere Gruppe gekocht. „Das habe ich dann aber lieber sein lassen. Das war mir zu aufregend“, erklärt er. Für solche Angelegenheiten holt er seine Mutter, die immerhin schon den Speyerer Bischof, Dr. Karl-Heinz Wiesemann, von ihren Kochkünsten überzeugen durfte. Und das natürlich mit einem typisch pfälzischen Gericht: Dampfnudeln mit Weinschaumsoße (Im Buch auch als Rezept von Pfarrer Herrmann aus Maikammer zu finden). Dem Bischof scheint es geschmeckt zu haben, erinnert er sich doch, nach Aussage von Pfarrer Kolb, gerne an diesen Besuch!

Heute kocht Pfarrer Kolb in erster Linie für den Eigenbedarf. Täglich wird in der Küche im Annweiler Pfarrhaus auf großer Flamme in Eigenregie gebrutzelt – lediglich für den regelmäßigen Hausputz holt sich Pfarrer Kolb Unterstützung. An den Wochenenden genießt er gerne die Gesellschaft seiner Mutter, die den Sohnemann im Rahmen ihrer Besuche kulinarisch verwöhnt – ganz „wie früher“.

Übrigens:
Pfarrer Kolb's Mutter hatte man einst nachgesagt, sie könne nicht kochen. Ehemann und Töchter waren stets gertenschlank – was für die „interessierte“ Nachbarschaft Beweis genug war, dass die Familie nicht anständig ernährt würde. „Dabei hat der Vater einen gut gehenden landwirtschaftlichen Betrieb und muss hart arbeiten. Da braucht er doch was Anständiges zu essen“, hieß es in der Stadt, so der Pfarrer. Erst als der kleine Gerhard das Licht der Welt erblickte, zerstreute sich das Gerücht: Der „Bub“ war „gut beisammen“, zeigte die Rundungen an den richtigen Stellen. Und Mutter Kolbs Ruf war gerettet.

Schwaademaagesalat

Schwaademaagesalat

(2 Personen)

Zutaten

1 Dose Schwartenmagen

1-2 kleine Zwiebeln oder Schalotten

Weinessig

Öl

Salz und Pfeffer

Zubereitung

Die Dose Schwartenmagen 10 Minuten in das Gefrierfach stellen (danach lässt sich der Inhalt leichter lösen und schneiden). In der Zwischenzeit die Zwiebeln oder wahlweise Schalotten in feine Scheiben schneiden.

Dressing aus Weinessig, wenig Öl sowie Salz und Pfeffer ansetzen.

Den Schwartenmagen aus dem Tiefkühlfach holen, den Inhalt herauslösen und in dünne Scheiben schneiden. Diese Scheiben wiederum in ca. 1cm breite Streifen schneiden und abwechselnd mit den Zwiebeln in einer Salatschüssel anrichten. Zu guter Letzt das Dressing darüber genießen.

Als Beilage eignet sich ein deftiges Kümmelbrot.

Feuriges Honighähnchen

Pfarrer Carsten Leinhäuser
Speyer

„Unterwegs mit Bibel, Stola und Kaffee", so heißt das Weblog von Pfarrer Carsten Leinhäuser. Der junge Seelsorger, im Bistum Speyer verantwortlich für die MinistrantInnen und Berufe der Kirche, beschreibt mit diesen drei Begriffen seine „Geheimwaffen für die Arbeit als Priester": Die Bibel dient ihm dabei als „Navigationssystem, Tankstelle und spannende Unterhaltung in einem", so Pfarrer Leinhäuser. Die Stola liegt stets für Anlässe jeder Art bereit – und der Kaffee fungiert schließlich als „Muntermacher für die harten Stunden in Beruf & Leben".

So locker und unterhaltsam wie sein Online-Tagebuch erscheint, kommt der junge Geistliche auch im persönlichen Gespräch rüber. Gleichwohl weiß er die Grenzen zwischen lustigen, bisweilen etwas flapsigen Gesprächen einerseits, und ernsten, fordernden Themen andererseits scharf zu ziehen: „Ich habe in meiner täglichen Arbeit viel mit Jugendlichen und jungen Erwachsenen zu

tun. Natürlich hilft da ein lockerer Umgangston und oftmals auch das ‚Du'. Dennoch bin ich erster Linie Pfarrer und Seelsorger und das wird von allen auch respektiert", beschreibt Carsten Leinhäuser interessante Aspekte seines Berufsalltags.

Der gebürtige „Schwenker" (wie sich der Saarländer selbst augenzwinkernd mit Bezug auf die dortige Grill-Tradition nennt) ist kulinarisch von seinem Vater geprägt: „Zu Hause ist die Küche die Domäne von meinem Papa. Da haben Mama, meine Geschwister und ich nichts zu suchen", grinst er. Beim „Heimatbesuch" wird der Sohnemann folglich nach allen Regeln der Kunst bekocht – und nimmt obendrein stets noch etwas zum Aufwärmen mit in die Pfalz.

Wobei der junge Pfarrer auch ohne diese „kulinarischen Spenden" nicht Hunger leiden würde – kocht er doch selber in seiner gemütlichen Wohnung: „Ich koche sehr gerne. Vieles habe ich von meinem Vater übernommen". Ab und an lässt sich er zudem auch von Kochsendungen im Fernsehen inspirieren. Für Freunde kocht der gebürtige Rohrbacher eher selten: „Wenn wir zusammen sind, wird natürlich geschwenkt", schmunzelt Carsten Leinhäuser, frei nach der alten saarländische Weisheit „Der liebe Gott lenkt, der Saarländer schwenkt".

Übrigens:
Pfarrer Carsten Leinhäuser ist auch über Google im Internet zu finden. Er betreibt seit Studienzeiten seinen eigenen Weblog „vaticarsten.de", hat eine eigene Seite auf Facebook und twittert hin und wieder die neuesten Erlebnisse an alle „Follower".

Feuriges Honighähnchen

Feuriges Honighähnchen

(2 Personen)

Zutaten

3-4 Hähnchenschenkel
3-4 Zehen Knoblauch, gehakt
3-4 EL Sambal Oelek
3-4 EL Honig
2-3 EL Sojasauce
2 TL Zucker, braun
3-4 EL (Oliven)Öl

Zubereitung

Die Zutaten gut vermischen und die Hähnchenschenkel darin marinieren. Je länger, desto intensiver wird der Geschmack.

Die marinierten Hähnchenschenkel im Ofen bei 180-200 Grad ca. 25min pro Seite backen oder grillen. Je nach Geschmack auch die restliche Marinade in den Ofen dazu geben.

Dieses Rezept kann wahlweise auch mit Hähchenbrustfilets oder Putenbrustfiltes in der Pfanne gekocht werden.

Sollte die Marinade zu scharf sein, Sahne und Milch dazugeben, um zu neutralisieren:

Lyonerkuchen

Regens Markus Magin
Speyer

Im Grunde müsste Regens Markus Magin aus Speyer gar nicht selbst kochen. Denn nur wenige Schritte von seiner Wohnung entfernt, befindet sich der Speisesaal des Priesterseminars – und dort kann man es sich kulinarisch sehr gut gehen lassen. Sind jedoch die Priesterkandidaten im Haus oder sollte die Zeit mal knapp sein, nutzt Regens Magin diese Gelegenheit auch, aber eigentlich kocht er dann doch lieber selbst. „Ich habe aus diesem Grund die vorgesehene Wohnung im Priesterseminar getauscht. In meiner jetzigen Bleibe habe ich ein Zimmer mehr und konnte somit meine Küche aus der vorherigen Pfarrei mitnehmen" – so der Regens.

Das Inventar, das gegenwärtig auf dem Germansberg in Speyer steht, umfasst jedoch nur etwa zwei Drittel der ursprünglichen Küche. Denn die Räume im Pfarrhaus der vorherigen Gemeinde Neustadt-Geinsheim waren die eines alten Herrenhauses – sehr großzügig an Fläche und mit hohen Decken. Regens Magin nutz-

te dort jeden Zentimeter des reichlich verfügbaren Platzes aus. In Speyer hat die Küche nunmehr zwar nicht mehr solche Dimensionen – voll und ganz einsatzfähig ist sie aber gleichwohl!

Regens Magin kocht am liebsten ein Gericht aus seiner Zeit als Kaplan im Saarland. Von dort hat er die beiden hier abgedruckten Rezepte mitgebracht. Den „Lyonerkuchen" hat er durch eine Sakristanin in Bierbach kennen und lieben gelernt: „Ein tolles würziges Gericht, das sich leicht und schnell vorbereiten lässt. Insbesondere eignet es sich, wenn mehrere Gäste kommen. Dann nehme ich einfach zwei Auflaufformen" – so Regens Magin ganz pragmatisch. Der Geschmack des Lyonerkuchens steht und fällt mit den „fleischigen Zutaten": Die Bratwurst sollte grob und würzig, die Lyoner fest und schmackhaft sein. „Dann muss gar nicht viel nachgewürzt werden", verrät der leidenschaftliche Hobbykoch das Geheimnis eines gelungenen Lyonerkuchens.

Die ersten Versuche als Koch unternahm Regens Magin in seiner Zeit als Kaplan. Damals wohnte er zur Untermiete bei einer Hauswirtschaftsmeisterin, die ihm die wichtigsten Handgriffe in Sachen Kochen und Backen beibrachte.

In den vollen Genuss seiner Kochkünste kam die Gemeinde Neustadt-Geinsheim. Dort bewirtete er die Kommunion- und Firmkatecheten, den Pfarrgemeinderat und die Messdiener.

Übrigens:
Regens Magin ist seit einiger Zeit Mitglied der Arbeitsgruppe „Gotteslob". Sie hat es sich zur Aufgabe gemacht, das Gebet- und Gesangbuch im gesamten deutschsprachigen Raum (Deutschland, Österreich und Schweiz) zu überarbeiten und den Anforderungen unserer Zeit anzupassen.

Lyonerkuchen

Lyonerkuchen

(4 Personen)

Zutaten

600 g feine Bratwurst
250g Gouda
500 g Lyoner
2 Eier
Petersilie
2 EL Mehl
Salz und Pfeffer

Zubereitung

Käse und Lyoner würfeln. Bratwurst vom Darm befreien. Alles in eine Schüssel geben und gut durchrühren. Eier, Mehl und Petersilie dazugeben, erneut durchrühren. Danach mit Salz und Pfeffer abschmecken.

Masse in eine Auflaufform füllen und im Backofen bei 175 Grad ca. 1 Stunde backen.

Putenfleischröllchen

Landauer Putenfleischröllchen

(4 Personen)

Zutaten

2 dünne Putenbrustscheiben (à 150g)
8 Scheiben Speck
250g frische Champignons
35 g Zwiebeln
50g Weißbrot in Würfeln
1 Knoblauchzehe
1 verquirltes Ei
0,2l Spätburgunder
0,4l Bratensauce
100 g Creme fraîche
100g Sahne
Zucker
Rosmarin
Salz und Pfeffer
Rouladenklammern

Zubereitung

Champignons und Zwiebeln in der Pfanne anschwitzen, bis die Flüssigkeit verdampft ist. Auskühlen lassen. Weißbrotwürfel, zerdrückte Knoblauchzehe und Ei vermischen, mit Rosmarin, Salz und Pfeffer abschmecken.

Putenbrustscheiben salzen, pfeffern und mit der Masse füllen. Zusammenrollen und jeweils 4 Scheiben Speck darüber legen, mit Rouladenklammern fixieren.

Röllchen anbraten und mit Spätburgunder ablöschen. Bratensauce auffüllen und etwa 20 min garen. Danach Creme fraîche und Sahne einrühren. Mit Salz, Pfeffer,Kräutern und etwas Zucker abschmecken.

Orangen-Ingwer-Sauce

Pfarrer i.R. Hermann Mathes
Dannstadt-Schauernheim

Pfarrer Hermann Mathes aus Dannstadt-Schauernheim gehört zu den „Frommen Fressern". Stopp: Das ist mitnichten eine Beleidigung der dem Essen zusagenden Geistlichkeit. Sondern der Name eines Kochclubs, den der inzwischen pensionierte Pfarrer während seiner „aktiven Zeit" in Neuhofen einst gründete.

Mit Blick auf Hermann Mathes könnte man getrost den Kalauer anbringen „Kochclubs pflasterten seinen Weg", ohne dass dies eine Beleidung darstellte. Denn auch in Neustadt-Hambach gründete er einen Kochclub – mit Namen „Saint Jacques", in Anlehnung an die Pfarrei St. Jakobus.

Allein in seiner jetzigen Residenz Dannstadt-Schauernheim gibt es noch keinen neuen „Mathes-Kochclub": „Wissen Sie, das macht zwar alles unendlich viel Spaß, kostet dabei aber auch unendlich

viel Zeit", nennt der Pfarrer den Grund. Denn diese Art des Engagements bedeutet nicht „nur" gepflegte Stammtisch-Runden. Nein, die Männer und zum Teil auch Frauen können und wollen im größeren Stil kochen.

In Neustadt-Hambach etwa läuft kein größeres Stadtteilfest ohne die Mitwirkung der „Saint Jacques". Zu Anlässen wie diesen werden die richtig großen Kochtöpfe aufgefahren und die Kochlöffel geschwungen. Wer schon einmal von Kochclubs wie Saint Jaques bekocht wurde, zweifelt an den „offiziellen" Berufen aller Beteiligten: „Das ist ganz hohes kulinarisches Niveau", hört man immer wieder, wenn von Pfarrer Mathes und seinen Mitstreitern die Rede ist. Der ein oder andere mag sich dann fragen, ob die kochenden Damen und Herren nicht doch heimlich bei einem Sternekoch in die Lehre gegangen sind.

Und kochen ist ja nur eines der Talente des Pfarrers im Ruhestand. Seit er einen Kunstwettbewerb gewann, ist er im gesamten Bistum und über dessen Grenzen hinaus für seine Emaille-Arbeiten bekannt. So hat Hermann Mathes unter anderem das Evangeliar im Priesterseminar Speyer sowie die dortige Orgel oder auch Wände von Taufkapellen mit dieser Kunst verziert.

Übrigens:
Der Beginn dieser Leidenschaft hat mit Manschettenknöpfen zu tun. Ein ehemaliger Mitschüler von Pfarrer Hermann trug bei einem gemeinsamen Treffen wunderschöne Manschettenknöpfe aus Emaille, die dem Pfarrer sofort ins Auge stachen. Auf die Frage, wo es denn solche Schmuckstücke zu kaufen gebe, antwortete der Mann: Nirgends, seine Frau habe sie entworfen und gefertigt. Der zupackende Pfarrer interviewte die Dame postwendend – und keine drei Wochen später stand der erste Brennofen in Pfarrer Mathes' Wohnung.

Orangen-Ingwer-Sauce

Orangen-Ingwer-Sauce für zwei Desserts:

Mousse au Chocolat (4 Personen) ...

Zutaten

Für die Sauce:

1 Glas Bitterorangemarmelade

1 Glas Ingwermarmelade

Saft einer Zitrone

1 EL fein gehackter oder geriebener Ingwer (ersatzweise Ingwerpulver)

1 TL gemahlener Kardamon

1 guter Schuss Orangenlikör (wahlweise auch Orangensaft)

1 Msp Cayennepfeffer

100 g Rosinen – am Vortag in Orangenlikör (wahlweise auch Orangensaft) einlegen

Mousse au Chocolat:

3 frische Eigelb

2 Eiweiß

50 g Zucker

kl. Prise Salz

1 TL gemahlemer Kaffee

120 g Halbbitterkuvertüre

300 ml süße Sahne

Sahnesteif

1 kl. Mango

Zubereitung

Sauce:

Alle Zutaten in eine Schüssel geben und verrühren. Kalt stellen.

Mousse au Chocolat:

Eigelb und halbe Menge Zucker schaumig rühren. Handwarme, nicht heiße Kuvertüre in die Ei-Zuckermasse einrühren. Eiweiß und Hälfte des Zuckers aufschlagen und vorsichtig unter die Masse heben. Kaffeepulver zugeben. Sahne mit Sahnesteif schlagen und unterheben, kalt stellen.

Mango in kleine Würfel schneiden und die Mousse damit garnieren.

Mit der Orangen-Ingwer-Sauce servieren.

Mandelcreme

… und Mandelcreme
(4 Personen)

Zutaten

Mandelcreme:

3 Eigelb

125 g Zucker

50 g gemahlene Mandeln (wahlweise zusätzlich 2EL Nougat, weiße Schokolade oder Marzipan)

250 ml Milch

6 Blatt Gelatine

350 g Schlagsahne

Salz

Krokant

Zubereitung

Mandelcreme:

Eigelb und Zucker schaumig rühren. Gemahlene Mandeln mit der Milch aufkochen. Wahlweise Nougat, weiße Schokolade oder Marzipan dazu geben. Milch langsam in Ei-Zucker-Masse einrühren. Blattgelatine in kaltem Wasser einweichen, ausdrücken und zur warmen, nicht heißen Milchmasse unterrühren. Kaltrühren, bis die Masse zu stocken beginnt. Schlagsahne und eine Prise Salz unterheben. Die Masse in Dessertschalen füllen und kalt stellen.

Vor dem Servieren eine dünne Schicht geschlagene Sahne auftragen und mit Krokant bestreuen. Wieder mit der Orangen-Ingwer-Sauce servieren.

Wenn möglich, selbst gemachten Krokant verwenden:

Dazu gehackte Mandeln im Backofen hellbraun rösten. Dabei öfter umrühren, damit die Mandeln gleichmäßig bräunen. 1/3 Honig und 2/3 Zucker mit einem Stück Butter erwärmen und leicht karamellisieren lassen, die heißen Mandeln unterrühren. Die Masse soll zähflüssig sein. Auf ein Kuchenblech ausgießen und erkalten lassen. Durch die Honigzugabe lässt sich der erkaltete Krokant gut zerbröseln.

Chili con carne

Pfarrer Stephan Messner
St. Ingbert

Pfarrer Stephan Meßner aus St. Ingbert im Saarland ist der „Novize" unter den Köchen dieses Buchs. Nach Dienstjahren ist er der jüngste Geistliche, der ein Rezept für diese Sammlung zur Verfügung gestellt hat. Das bedeutet jedoch selbstverständlich nicht, dass er weniger leidenschaftlich kocht als seine arrivierteren Kollegen!

Am liebsten bereitet der junge Pfarrer Speisen für Treffen mit „alten" Freunden. Sein präferiertes Gericht für Gäste ist das hier abgedruckte Chili con carne. „Es lässt sich gut vorbereiten und kocht gemütlich vor sich hin, wenn die Gäste schon im Haus sind", erklärt er. Somit kann die kostbare gemeinsame Zeit für angeregte Gespräche in geselliger Atmosphäre genutzt werden.

Auf diese Art und Weise wurde das „Chili con carne" im Hause Meßner zum Standardessen an Silvester. Zum Jahreswechsel lädt der Pfarrer stets alte Bekannte und enge Vertraute aus früheren Jahren und weitere Menschen, die ihm am Herzen liegen, in sein Haus ein. Traditionell wird dann reichlich erzählt, gelacht und diskutiert. Um 23 Uhr begeben sich alle zusammen zu einer „Gebetsstunde bis Mitternacht“ mit viel Gesang in die Kirche. Nach dem Sektempfang aufs neue Jahr geht es dann wieder zurück ins Hause Meßner. „Ich hatte mir überlegt, was ich um diese Uhrzeit noch zu essen reichen könnte. Es sollte nicht zu schwer und aufwändig sein. Da hat sich dieses Gericht am besten angeboten“ – so der Pfarrer über die „Geburtsstunde“ einer kulinarischen Tradition.

Inzwischen wären seine Gäste tief enttäuscht, gäbe es an Silvester den obligatorischen gut gewürzten Eintopf einmal nicht.

Schon in seiner Ausbildungszeit an der Universität Eichstätt hat Stephan Meßner gerne am Sonntag mit seinen Mitstudenten gekocht. „Damals habe ich allerdings mehr bei der Vorbereitung geholfen und mitgegessen, als wirklich gekocht“, schmunzelt er auf seine Anfänge als Hobbykoch rückblickend.

Übrigens:
Pfarrer Meßner ist nach eigner Aussage ein typisches Beispiel für einen waschechten Saarländer: Aufgewachsen in Schwalbach - Elm, war er zunächst Pfarrer in St. Ingbert und nun in der Pfarreiengemeinschaft Saarbrücken - Ensheim. „Wenn der Saarländer auszieht, kommt er nicht weiter als in den Vorgarten“, zitiert der Geistliche eine alte Redewendung aus dem kleinsten Flächen-Bundesland Deutschlands. „Das trifft bei mir voll zu“, sagt er. Seinen Kochkünsten geschadet hat das aber keineswegs.

Chili con carne

Chili con carne

(4 Personen)

Zutaten

250 g gehacktes Rind
2 große Zwiebeln
500 g passierte Tomaten
1 Dose Kidneybohnen
3 Paprikaschoten
4 EL Pflanzenöl zum Anbraten
1 EL Cayennepfeffer
1 EL Chilipulver
1 EL Paprikapulver, rosenscharf
2 Gewürzmischungen für Chili con Carne
1 Becher Sauerrahm
Salz, Pfeffer, Knoblauchgewürz

Zubereitung

Zwiebeln schälen und würfeln. Öl in einem Topf erhitzen. Zwiebeln und Rinderhack darin anbraten. Passierte Tomaten, Kidneybohnen mit Flüssigkeit, Paprikaschoten hinzugeben und mindestens 30 Min. köcheln lassen (bis es sämig wird).

Mit Chilipulver, Cayennepfeffer, Chili-Con-Carne-Würzmischung, scharfem Rosenpaprikapulver abschmecken.

Bei Bedarf oder um die Schärfe zu erhöhen, nachwürzen.

Mit Baguette und einem Klecks Sauerrahm servieren.

Schweine-medaillons

Pfarrer Alfred Müller
Dirmstein

Pfarrer Alfred Müller ist in Sachen kirchlichen Wirkens ein klassischer Quereinsteiger. Von Haus aus Industriekaufmann, kam er über Umwege zum Beruf des Seelsorgers. Auf diesem Weg geprägt hat ihn vor allem das Leben in der Gemeinde St. Martin in Kaiserslautern. In der Barbarossa-Stadt besuchte er die Fachoberschule für Wirtschaft, als er den Pfarrer und den Kaplan dieser Kirche kennenlernte. Während dieser Phase wuchs auch sein Entschluss, „umzusatteln" – und selbst Priester zu werden.

Der Weg zum Traumberuf gestaltete sich steinig, hatte Pfarrer Müller doch erst einmal die Grundvoraussetzung für ein theologisches Studium, das Abitur, nachzuholen. Obendrein galt es, die für ein angemessenes Verständnis der kirchlichen Lehre notwendigen Sprachen Alt-Griechisch und Latein zu erlernen.

Von alledem ließ sich Pfarrer Müller nicht abschrecken: „Wenn ich ein Ziel vor Augen habe, erreiche ich es auch. Daher habe ich alles auf mich genommen, was nötig war, um Pfarrer zu werden.“ Heute ist er Pfarrer von Dirmstein, einem schmucken Weinort, der mit dem Slogan „Die Perle des Leinigerlandes“ wirbt. Dort steht die Laurentiuskirche, in der Pfarrer Müller die Gottesdienste hält. Die Kirche ist eine Art Simultaneum (ein von beiden Konfessionen genutzter Sakralbau). Die beiden Gotteshäuser befinden sich unter einem Dach, sodass auch zeitgleich ein katholischer und ein protestantischer Gottesdienst gefeiert werden kann.

Das Verhältnis zwischen Katholiken und Protestanten ist gut. So gibt es jedes Jahr das Zwei-Kirchen-Konzert, das im katholischen Teil der Kirche beginnt und im protestantischen Teil endet. „In der Pause treffen sich alle Besucher vor der Kirche und werden gemeinsam von den Gemeinden bewirtet“, erzählt Pfarrer Müller.

Apropos Bewirtung – zu Hause wird Pfarrer Müller von seiner Haushälterin Beatrix Kusytsch versorgt. Die gelernte Hauswirtschaftsmeisterin arbeitet halbtags im Pfarrhaus und versorgt am Abend noch ihre Familie zu Hause. „Daher esse ich auch äußert selten mit dem Pfarrer zu Mittag. Zweimal warmes Essen verträgt meine Figur nicht“, schmunzelt sie.

Übrigens:
Das hier abgebildete Gericht „Schweinemedaillons in Cognac-Sahne-Sauce mit Salat“ war das erste Gericht, das Frau Kusytsch für Pfarrer Müller kochte. Es stammt ursprünglich aus einem kleinen Kochbuch eines großen deutschen Lebensmitteldiscounters. „Ich habe das Heftchen irgendwann einmal mitgenommen und dann dieses Gericht daraus gekocht.“ Seitdem ist es das Lieblingsessen von Pfarrer Müller.

Schweinemedaillons

Schweinemedaillons in Cognac-Sahne-Sauce

(4 Personen)

Zutaten

8 Schweinemedaillons
50 ml Weißwein
50 ml Gemüsebrühe
3 EL Cognac
200 ml Sahne
Salz und Pfeffer
Sonnenblumenöl

Zubereitung

Öl in einer Pfanne erhitzen. Schweinemedaillons darin scharf anbraten. Mit Weißwein, Gemüsebrühe, Cognac und Sahne ablöschen und danach etwas köcheln lassen.

Mit Salz und Pfeffer abschmecken.

Dazu schmecken frische Spätzle und ein gemischter Salat.

Putengeschnetzeltes

Putengeschnetzeltes „Hawaii“

(4 Personen)

Zutaten

4 – 6 Putenschnitzel
1kl Dose Ananasstücke
½ Glas Orangensaft
1 EL Gemüsebrühe
½ Glas Weißwein
1 EL Mehl
½ Becher Sahne oder saure Sahne
Hähnchengewürz
Currypulver
Butterschmalz
Salz und Pfeffer

Zubereitung

Putenschnitzel in Streifen schneiden und mit Salz, Pfeffer, Hähnchengewürz und Curry würzen. In Butterschmalz anbraten.

Ananas, Orangensaft und Gemüsebrühe hinzufügen und 20 Minuten köcheln lassen.

Für die Soße Weißwein mit Mehl anrühren und binden. Sahne zum Schluss unterrühren und nochmals abschmecken.

Geschnetzeltes mit Soße übergießen und sofort servieren.

Dazu schmecken Bandnudeln am besten.

... ein weiteres Rezept von Pfarrer Müller

PICHELSTEINER

PFARRER I.R. RUDOLF NETHER
BAD BERGZABERN

Alter schützt vor Kochen nicht! Mit seinen 92 Jahren steht Pfarrer Rudolf Nether noch immer in der Küche – und brutzelt sein Lieblingsgericht.

Früher hat er dieses Gericht regelmäßig für sich und für Gäste gekocht. Heute gibt es den „Pichelsteiner Eintopf“ nur noch selten. Wenn das Gericht dann aber mal auf dem Speiseplan steht, lässt es sich Pfarrer Nether nicht nehmen, selbst den Kochlöffel zu schwingen. Seit einigen Jahren unterstützt ihn bei der Vorbereitung seine Haushälterin, „damit es schneller geht“, so Pfarrer Nether.

Auf den ersten Blick sieht er aus wie ein ganz normaler Pfarrer. Im Ruhestand zwar – aber er feiert noch immer sonntags und einmal werktags die Messe in seiner alten Gemeinde.

Auf den zweiten Blick erschließt sich erst seine künstlerische Ader:

Pfarrer Nether ist obendrein noch Maler, Steinmetz, Holzschnitzer und Glaskünstler – ein wahres Multitalent.

In seiner Zeit als Pfarrer der Gemeinde Böllenborn gestaltete Rudolf Nether die Buntglasfenster der Wallfahrtskirche Mariä Geburt. Diese Kapelle stammt aus dem 15. Jahrhundert und wurde im Laufe der 1980er Jahre mit neuen Fenstern ausgestattet. Alle Fenster wurden in liebevoller Kleinarbeit von Pfarrer Nether entworfen und gefertigt. Gemeinsam betrachtet stellen sie einen Marienzyklus dar. Insgesamt hat Pfarrer Nether bis heute über 100 Buntglasfenster für Kirchen und Kapellen geschaffen.
Zu seiner ursprünglichen Pfarrgemeinde Böllenborn hat Pfarrer Nether seit 40 Jahren eine starke Bindung. Er hält Gottesdienste und schenkt jedem Gemeindemitglied am Ende der Weihnachts-Andacht einen Holzstern, den er selbst aussägt und mit einer kleinen Kerze verziert.

Aber nicht nur Gläubige begegnen den Werken von Pfarrer Nether. Einen ganz prominenten Platz ziert ein besonderes Stück: An der Kirche St. Martin in Dörrenbach ist eine Sonnenuhr, wie auch in Pleisweiler oder Blankenborn, die der Ruhestandspfarrer in den Stein gemeißelt hat.
Ein weiteres seiner Talente: Malen! Zwar hat er schon sehr viele Werke gemalt – zu einer Ausstellung kam es gleichwohl noch nicht: „Das ist nichts für mich. Ich male lieber für mich oder für einen Kollegen, der in einem Seniorenheim die Gottesdienste hält. Mit Hilfe der Bilder kann er die älteren Herrschaften dabei besser erreichen und ansprechen."

Übrigens:
Gelernt hat Rudolf Nether wirklich nur einen Beruf, den des Pfarrers. Die anderen Fähigkeiten hat er sich bei Künstlern abgeschaut und zu Hause auf seine eigene Weise umgesetzt.

Pichelsteiner

Pichelsteiner

(4 Personen)

Zutaten

1 kg gemischtes Rind-, Schwein- und Kalbfleisch

2 Zwiebeln

1 Knoblauchzehe

500 g Karotten

500g Kartoffeln

250 g Sellerie

1 Stange Lauch

Majoran

Salz und Pfeffer

Zubereitung

Fleisch in gleichmäßige Würfel schneiden, Zwiebeln und Knoblauch hacken. Sellerie und Lauch in kleine Scheiben schneiden. Karotten und Kartoffeln in gleichmäßige Würfel schneiden.

Zutaten in einen Römertopf (wahlweise auch feuerfeste Auflaufform) geben und bis oben mit Wasser füllen. Mit Salz und Pfeffer abschmecken.

Topf abgedeckt im Ofen bei 200 Grad 1 bis 1,5 Stunden schmoren lassen.

Ausgezogene

Toni Rauch, Esthal
(Pfarreikoch und Dorfbüttel)

Moment mal! Toni Rauch ist weder Pfarrer der kleinen Gemeinde Esthal im Pfälzerwald, noch ist er der Haushaltsgehilfe vom örtlichen Pfarrer. Was also hat er in diesem Buch zu suchen?

Ganz einfach: Ohne Toni Rauch ist das Gemeindeleben in „Eschdl", wie die Einheimischen das Dorf liebevoll nennen, undenkbar. Den gebürtigen Niederbayern hat es der Liebe wegen dorthin verschlagen – und heute ist er aus der Dorf- und Gemeindechronik längst nicht mehr wegzudenken.

Toni Rauch heißt eigentlich Anton Rauch. Sein Namenstag wird jedes Jahr am 13. Juni, dem Namenstag des Heiligen Antonius von Padua, gefeiert. An diesem Datum ist es mittlerweile gute Tradition, dass der „Dorfbüttel" (Gemeindediener) für alle Dorfbewohner seine berühmten „Antonius-Würstl" zubereitet. Jeder,

der vorbeikommt, bekommt ein Würstl – meistens im Brötchen gereicht – so lange der Vorrat reicht. Und das kann bei Toni Rauch fürwahr eine Weile dauern. Denn in seinem schön gelegenen Einfamilienhaus direkt am Kloster St. Maria befinden sich im unteren Geschoss eine komplett eingerichtete Küche, ein Räucherofen und ein Stübchen. In einem Nebenraum finden sich die notwendigen Maschinen und Vorräte, mit denen Toni Rauch Brot backen oder Würstl herstellen kann.

Die „Antonius-Würstl" sind eigentlich ganz normale Nürnberger Bratwürste (nur magerer und mit edlen Gewürzen). Ihren Namen verdanken sie aber dem Namenstagsfest im Hause Rauch. Dort segneten einst Ortspfarrer Gerhard Burgard und der Hausgeistliche des Klosters, Bruno Schlageter, das Essen – und taufte bei dieser Gelegenheit die Wurst kurzerhand in „Antonius -Würste" um. Dieser Begriff ist Bekannten von Toni Rauch dermaßen in Fleisch und Blut übergegangen, dass der ein oder andere schon einmal in einer Metzgerei stand und ganz erstaunt war, dass die Verkäuferin nur recht wenig mit dem Terminus „Antonius-Würstl" anzufangen wusste. Erst nach einer detaillierten Beschreibung von Aussehen und Konsistenz der Köstlichkeit war klar, was der Kunde meinte.

Die hier vorgestellten „Ausgezogenen" (eine Mehlspeise) sind eine Spezialität von Toni Rauch, die hervorragend mit einer guten Tasse Kaffe an der langen Tafel im Hause Rauch in Gesellschaft von Ortspfarrer, Klosterpfarrer und Klosterschwester schmecken.

Übrigens:
Man sagt, die katholischen „Ausgezogenen" sind rund und die evangelischen eckig. Ob das wirklich so stimmt, könnte man ja mal im Rahmen eines konfessionellen Backwettbewerbs überprüfen.

Ausgezogene

Ausgezogene

(6 Personen)

Zutaten

750 g Mehl

ca. 200 ml Milch

1 Pk Frischhhefe oder 2 PK Trockenhefe

3 Eier

2 EL Zucker

120 g Rosinen

1 TL Salz

200 g Sahne süß Sauerrahm/Schmand

(ersatzweise 1 Dose Kaffeemilch 10 % und 50 g Butter)

Zubereitung

Mehl in eine Schüssel sieben, in der Mitte eine Delle eindrücken und die zerbröckelte Hefe mit wenig Zucker und 1/3 der lauwarmen Milch einrühren, mit etwas Mehl zu dickflüssigem Brei verrühren.

Diesen Vorteig in der zugedeckten Schüssel an einem warmen Ort ca. 20 Minuten gehen lassen.

Mit restlicher Milch, Mehl und den Zutaten mittelfesten Teig herstellen.

Teig so lange schlagen, bis er Blasen wirft und sich von der Schüssel löst.

Zum Schluss Rosinen unterheben.

Zugedeckt an warmen Ort nochmals 10 Minuten gehen lassen.

Mit einem geöltem Löffel Teig abstechen (ca. 100 g) und zu Kugeln formen und auf einem Tuch zugedeckt 10 Minuten gehen lassen.

Dann in die Mitte der Teigkugeln jeweils eine Mulde mit dem Daumen drücken und den Teig mit angefetteten Fingern von der Mitte her ausziehen, sodass in der Mitte ein dünnes Fenster entsteht.

Das Butterschmalz in einem Topf auf 170 Grad erhitzen und die „Ausgezogenen“ ins heiße Fett geben. Die „Ausgezogenen“ von beiden Seiten goldbraun ausbacken.

Auf Küchenpapier abtropfen lassen und mit Puderzucker bestäuben.

Venezianischer Schweinebraten

Liesel Schermer
Haushälterin Domkapitular em. Schuler
Speyer

Wer aus Speyer kommt, kennt sie: Liesel Schermer. Seit 32 Jahren führt sie den Haushalt von Domkapitular em. Hubert Schuler. Sie ist die „gute Seele" des Hauses – sie wäscht, kocht, sorgt für Sauberkeit und heißt obendrein alle Gäste herzlich willkommen.

Begonnen hat die Zusammenarbeit damals in Kirrweiler, der idyllischen Weinbaugemeinde nahe Maikammer. Frau Schermer war seinerzeit hauptberuflich als Gemeindereferentin für Kirrweiler und Neustadt-Diedesfeld tätig. „Nebenbei" kümmerte sie sich zudem um den Pfarrhaushalt. Als Pfarrer Schuler zum Domkapitular berufen wurde, begleitete Liesel Schermer ihn nach Speyer.

Im Hause Schuler sind Gäste seit jeher gerne gesehen – und Liesel Schermer ließ es sich noch selten nehmen, ihrem Besuch die

tollsten Menüs aufzutischen. Ihre Rezeptvorschläge „Wenn Gäste kommen“ sind in Speyer bekannt und wurden sogar bereits als Lose-Blatt-Sammlung herausgegeben.

Die Haushälterin versteht es wie keine Zweite, stets den Geschmack der Bekochten zu treffen, insbesondere zu Ostern oder an Weihnachten. „Das Esszimmer war zu diesen Anlässen immer voll“, schwärmt die Köchin aus Leidenschaft. Begleitet werden die kulinarischen Speisen stets von den passenden Getränken.

Heute geht es am Edith-Stein-Platz etwas ruhiger zu. Zwar wird noch immer begeistert gekocht, aber die Anzahl der Gäste hält sich in engeren Grenzen. Langweilig wird es Liesel Schermer in dem großen Haus deshalb aber noch lange nicht! „An Arbeit mangelt es mir nicht, aber mir macht es Spaß“, lacht die sympathische Haushälterin. So kocht sie nun zwar kleinere Mengen – diese aber nach wie vor mit großem Enthusiasmus.

Übrigens:
So ganz kann Liesel Schermer das Bewirten nicht lassen. Zum Domweihjubiläum im Oktober 2011 bekochte sie den Bischof von Görlitz: „Das war eine große Freude! Dennoch bin ich froh, dass die großen Einladungen nicht mehr ganz so häufig anfallen. Ich werde schließlich auch nicht jünger“ – so die rüstige Haushälterin. Einen Moment später schnappt sie sich eine Leiter – um die letzten Feigen der Saison zu pflücken.

Venezianischer Schweinebraten

Venezianischer Schweinebraten

(4-6 Personen)

Zutaten

1 kg Schweinehals oder -rücken
4 Knoblauchzehen
Dijon-Senf
Frischer Rosmarin
Olivenöl
Salz und Pfeffer

Zubereitung

Knoblauch pressen. Zusammen mit Senf, Salz, Pfeffer, Rosmarin und Öl verrühren. Fleisch mit dieser Paste bestreichen und evtl. mit Schnur umwickeln.

Im Ofen ca. 60 bis 70 Minuten grillen oder bei 220 Grad backen.

Am Abend vorher zubereitet, kann das Fleisch gut durchziehen. Im Kühlschrank über Nacht aufbewahren.

Lendentopf

(10 Personen)

Zutaten

5 Schweinefilets
400 g gekochten Schinken
250 g rohen Schinken
500g Champignons
3 Pk Creme fraîche
4-5 EL Tomatenketchup
6 EL Bratensoßenpulver

Zubereitung

Schweinefilets in dickere Medaillons schneiden. Gekochten Schinken würfeln, rohen Schinken in Streifen schneiden. Champignons, Filets, Schinken lagenweise in eine Auflaufform geben.

Creme fraîche mit Tomatenketchup verrühren und 2/3 über die Zutaten streichen. Im Kühlschrank über Nacht aufbewahren und entsprechend weiterverarbeiten.

Am nächsten Tag im Ofen ca. 45 bis 50 Minuten bei 200 Grad backen.

Bratensoßenpulver mit der restlichen Soße verrühren, darüber streichen und weitere 15 Minuten backen.

Dazu passt Weißbrot, das mit Kräuterbutter bestrichen und in eine Alufolie eingeschlagen wird. 15 Minuten im Ofen mitbacken.

Pastetenvarianten

(4-6 Personen)

Zutaten

Variante 1

1 kg feine rohe Bratwurstfüllsel
400g gekochter Schinken
200g roher Schinken
1 gr. Dose Champignons
Petersilie
2 Zwiebeln
½ Tasse eingeweichtes Weckmehl

Variante 2

750 g grobe Bratwurst
750 g feine Bratwurst
500 g Kaiserbraten
2 gr. Dosen Champignons

Variante 3

250 g Butter
5 Eier
150 g gekochter Schinken
150 g Goudawürfel
200 g Mehl
2 TL Backpulver
2 TL Senf
Muskat
Kräuter der Provence
Salz und Pfeffer

Zubereitung

Variante 1

Alle Zutaten klein schneiden und in eine feuerfeste Form geben. Im Ofen bei 180 Grad Umluft eine Stunde backen.

Vor dem Anrichten die Brühe abgießen.

Variante 2

Kaiserbraten und Pilze klein schneiden. Mit Bratwurstfüllsel mischen und in eine feuerfeste Form geben. Im Ofen bei 170 Grad ca. 90 Minuten backen.

Variante 3

Butter und Eier schaumig rühren. Die anderen Zutaten untermischen. Im Ofen bei 200 Grad 75 bis 90 Minuten backen.

Schweinelende

Schweinelende in Sahnesauce

(4 Personen)

Zutaten

700 g Schweinefilet

Ca. 12 Scheiben Frühstückspeck, dünn geschnitten

½ l Sahne

1 EL Paprika edelsüß

2 EL Tomatenmark

Grüne Pfefferkörner

Basilikum

Rosmarin

Zubereitung

Sahne mit Paprika, Tomatenmark, Basilikum und Rosmarin auf die Hälfte einköcheln. Fleisch in ca. 3 cm dicke Scheiben schneiden, mit Speck umwickeln und in eine Auflaufform geben. Sauce darüber gießen, Pfefferkörner hinzugeben und im Ofen bei 170 Grad Umluft ca. 30 bis 40 Minuten backen.

Pute Saltimbocca

Pfarrer Johannes Pioth
Pirmasens

Essen und Trinken hält Leib und Seele zusammen, sagt man landläufig. Diese Weisheit schließt jedoch nicht aus, dass der Genießende selbst dabei auch auf seine Gesundheit achtet.

Pfarrer Johannes Pioth ist ein Mensch, der dieses Prinzip aus Überzeugung (vor-)lebt. Er kocht leidenschaftlich gerne – und zwar insbesondere so genannte „gesunde Sachen". Aus seiner Sicht hat diese Art des Kochens zwei Vorteile: Zum einen sind die Gerichte leicht und schnell zuzubereiten. Zum anderen sind sie meistens kalorienarm. „Ich möchte im Alter nicht aussehen wie Don Camillo – oder schlimmer noch: Peppone!", schmunzelt Pfarrer Pioth in Anspielung an die bekannten Filmcharaktere.

Seine gesunde Lebensweise schließt selbstverständlich auch regelmäßige körperliche Bewegung mit ein. „Am liebsten gehe ich in den Wald und lasse dabei die Natur auf mich wirken." In Einzelfällen darf es aber auch mal die „Muckibude" sein: „Das hält sich aber in Grenzen", wiegelt Pfarrer Pioth ab. Schließlich geht es in erster Linie darum, den Körper sinn- und maßvoll in Schuss zu halten – und nicht möglichst viele Muskeln aufzubauen.

Körperliche Arbeit ist dem gebürtigen Edesheimer indes von Haus aus keineswegs fremd. Er stammt aus einer Winzerfamilie, in der alle zusammen im Weinberg mit anpacken. „Heute kümmert sich mein Bruder um das Weingut, ich helfe aber gelegentlich an meinen freien Tagen aus."

Dass Pfarrer Pioth nicht nur im Weinberg der Eltern, sondern auch im Weinberg des Herrn ganze Arbeit leistet, zeigt sich ganz aktuell an einem von ihm erarbeiteten neuen Konzept für den Firmunterricht. „Jugendliche sind heutzutage multimedial unterwegs und schätzen auch die Ansprache über ihre eigenen Kanäle", erläutert er. Er beschreitet deshalb neue Wege in der Firmvorbereitung – die Firmlinge werden etwa über Email, Onlineumfragen und Exerzitien im Alltag, die auch über das Internet gemacht werden können, adressiert. „Wir haben sehr positive Rückmeldungen von allen Katecheten! Daher hoffen wir auch, dass unser Konzept in den kommenden Jahren weiter trägt."

Vielleicht ist dieser Schritt einer der ersten, um wieder mehr Jugendliche für die Kirche zu gewinnen, hofft der engagierte Pfarrer.

Übrigens:
Familie Pioth verkauft ihren Wein vollständig an die nahe Winzergenossenschaft. Wem also ein Fläschchen dieser Kooperative in die Hände fällt, kann Pfarrer Pioth in Gedanken zuprosten.

Pute Saltimbocca

Pute Saltimbocca

(4 Personen)

Zutaten

4 Putenbrustfilets
8 Scheiben Rinderschinken
4 EL Olivenöl
Gelbe Currypaste
Petersilie, frisch
Salz und Pfeffer
Zahnstocher

Zubereitung

Die Putenschnitzel dünn klopfen und mit der Currypaste bestreichen. Petersilie fein hacken und darüber streuen. Je Filet zwei Scheiben Rinderschinken mit einem Zahnstocher befestigen.

Öl in einer Pfanne erhitzen. Die Filets von jeder Seite ca. 3 Minuten anbraten.

Als Beilage Salat oder gedünstetes Gemüse servieren.

Spaghetti a Don Ludovico

Domkapitular Franz Vogelgesang Speyer

Wer schon einmal in Italien war, hat sie kennen- und ganz bestimmt auch innigst lieben gelernt: Die italienische Küche. Pastagerichte in allen Variationen, Pizza, in Olivenöl eingelegte Antipasti, die legendären Rotweine – wem läuft da nicht das Wasser im Mund zusammen? Exakt so erlebt es auch Franz Vogelgesang. Der Domkapitular in Speyer schwärmt von der Küche aus „Bella Italia“: „Ich bin begeistert von der schnellen und unkomplizierten Zubereitung der Pasta-Gerichte“, so der Domherr – wobei der Geschmack der Speisen neben den praktischen Vorteilen natürlich nicht vergessen wird.

Besonders angetan hat es ihm das hier abgedruckte Rezept der Spaghetti mit einer leckeren Gorgonzola-Sauce. Dieses Gericht hatte einst ein Domkaplan in Eichstätt, Vogelgesangs erstem Studienort, des Öfteren für ihn und andere Seminaristen gekocht. Jener Geistliche lud in seine Wohnung zum gemütlichen Essen –

wobei er für eine möglichst ungezwungene, heitere und kommunikative Atmosphäre am gemeinsamen Essenstisch sorgte. Auf diese Art und Weise wurde manch ein Gespräch geführt, welches in einer eher „sterileren" Umgebung bestimmt schwieriger zustande gekommen wäre. Nicht umsonst gilt die gepflegte Essensaufnahme auch als ein hohes kulturelles Gut mit großer sozial-kommunikativer Bedeutung – auch und vor allem in Italien.
Doch wieder zurück zu Domkapitular Vogelgesang. Der erklärt uns zu seinem Lieblingsgericht lächelnd: „Ich habe diese Art zu kochen und Gespräche zu führen kurzerhand umgetauft – in „Spaghetti-Pastoral" – was getrost als Beleg für seine gleichermaßen humorige wie tiefgründige Sicht auf das Thema Essen gelten darf.

Insbesondere im Kontext der Jugendarbeit half dem engagierten Pfarrer die Fähigkeit, eine ungezwungene Atmosphäre zu kreieren. Damit gelang es ihm schon häufig, Jugendliche „in der richtigen Sprache" anzusprechen – und am Ende für die Kirche, den Glauben und Gott zu gewinnen. Kein Wunder also, dass sogar beim Weltjugendtag in Köln 2005 seine „Spaghetti-Pastoral" zum Einsatz kam: Zur Vorbereitung auf diesen Event der jungen Katholiken richtete der Seelsorger ein Jahr vor dem Ereignis jeden Monat ein Glaubensgespräch für junge Leute ein. „Es wurden die unterschiedlichsten Glaubensfragen der Jugendlichen diskutiert. Jeden dieser Tage haben wir mit einem gemütlichen Spaghettata ausklingen lassen", so der Domkapitular rückblickend.

Übrigens:
Franz Vogelgesang hat in der italienischen Hauptstadt Rom ein Jahr lang studiert. Ein Domkapitular aus Eichstätt, seiner Zeit selbst Student in der Ewigen Stadt, begeisterte ihn dafür. Ihm zu Ehren hat Franz Vogelgesang das Rezept „Spaghetti a Don Ludovico" genannt. Wir wünschen „Buon Appetito!"

Spaghetti a Don Ludovico

Spaghetti a Don Ludovico

(4 Personen)

Zutaten

500g Spaghetti

400g Gorgonzola

500g Champignons aus der Dose

1 ltr. Passierte Tomaten

Basilikum, Oregano, Thymian

Rotwein

Olivenöl

Salz, Pfeffer

Zubereitung

Spaghetti al dente kochen.

Champignons in Olivenöl anbraten.

Danach mit passierten Tomaten auffüllen, gut umrühren und erhitzen. Gorgonzola in kleine Würfel schneiden.

Unter ständigem Rühren den Gorgonzola in die Soße geben bis der Käse vollkommen zerschmolzen ist.

Mit einem guten Schuss Rotwein, Salz, Pfeffer und Gewürzen abschmecken.

Spaghetti währenddessen kochen.

Die Soße unter die Spaghetti heben und gut vermischen.

Auf Tellern anrichten und servieren.

der pilger

Sind Sie auf den Geschmack gekommen?
Sie möchten weitere Rezepte aus dem Bistum Speyer kennenlernen?

Dann schauen Sie doch einfach in die Bistumszeitung „der pilger“. Woche für Woche finden Sie dort weitere leckere Rezepte zum Nachkochen! Nicht nur aus den Pfarrhaushalten, sondern auch aus den Küchen unserer Mitarbeiterinnen und Mitarbeiter, die leidenschaftlich gerne kochen.

Unverbindlich und gratis: „der pilger“ drei Wochen lang probelesen!

Testen Sie „der pilger“ und lesen Sie das Speyerer Bistumsblatt drei Wochen zur Probe. Das ist für Sie völlig kostenfrei und unverbindlich – das Probeabo verpflichtet Sie nicht zur Bestellung eines Abonnements.

Neben Rezepten finden Sie in „der pilger“ auch viele Hintergrundinfos aus Kirche und Welt, Nachrichten aus den Pfarreien und dem Bistum, Kommentare zu wichtigen gesellschaftlichen Fragen, Impulse für ein Leben aus der Kraft des Glaubens, Anregungen für ehrenamtliches Engagement, dazu Kinderseiten, Rat und Tat in Lebenskrisen sowie bunte Unterhaltungsseiten und anderes mehr…

Rufen Sie einfach an oder schicken Sie ein Fax bzw. eine E-Mail an:

„der pilger“
Telefon 0 62 32 – 31 83 0
Telefax: 0 62 32 - 31 83 99
E-Mail: info@pilger-speyer.de
Web: www.pilger-speyer.de

Wir freuen uns, Sie im Kreis „der pilger“-Leser begrüßen zu dürfen!

Pfarrer bitten zu Tisch
Das zweite Kochbuch aus dem Bistum Speyer

Nach dem deftigen Gaumenschmaus der ersten Ausgabe nimmt die kulinarische Pilger-Reise erneut Fahrt auf. Wieder angereichert mit kleinen Schmankerln der Pfarrer, irdischen Köstlichkeiten und „Himmlischen Leckereien!“. Lassen Sie sich auch den zweiten Band auf der Zunge zergehen.

der pilger

pilger gmbh verlag

Bestellung unter:
06232. 31830 oder
info@pilger-speyer.de

Hardcover | gebunden | Fadenheftung | vierfarbig | 109 Seiten | ISBN 978-3-942133-54-8 | 14,80 €